사람들이
줄 서는 매장의
영업비법

사람들이 줄 서는
매장의 영업비법

초 판 1쇄 2021년 06월 15일

지은이 이도규
펴낸이 류종렬

펴낸곳 미다스북스
총괄실장 명상완
책임편집 이다경
책임진행 김가영, 신은서, 임종익

등록 2001년 3월 21일 제2001-000040호
주소 서울시 마포구 양화로 133 서교타워 711호
전화 02) 322-7802~3
팩스 02) 6007-1845
블로그 http://blog.naver.com/midasbooks
전자주소 midasbooks@hanmail.net
페이스북 https://www.facebook.com/midasbooks425

ISBN 978-89-6637-925-5 03320

값 15,000원

🐟 **미다스북스**는 다음세대에게 필요한 지혜와 교양을 생각합니다.

마케팅 없이 매출을 논하지 말라!
그 누구도, 대비하지 못한 언택트 시대!

사람들이
줄 서는 매장의
영업비법

이도규 지음

미다스북스

언택트 시대, 현재 여러분의 위치는 어디입니까?

온·오프라인 구분이 더욱 명확해지고 있는 요즘이다. 만약 내가 오프라인 사업만을 지속해서 확장했다면 지금보다 더 크고 빠르게 성공했을 거라는 생각이 들 때도 많았지만 2020년 '코로나19 팬데믹'은 전 세계의 노동시장과 수익 채널을 변경시켰고 결국 나의 선택이 옳았다는 것을 확신하게 되었다.

온라인과 AI의 발달로 '언택트 시대'가 도래할 것을 예상은 했겠지만, 전 세계가 동시에 단 몇 달 만에 겪은 변화는 지구 역사상 처음 있는 일로 점점 가속화되었다. 그만큼 불안정한 부분도 있겠지만 분명 그것은 보완되며 성장할 것이다. 절대 2020년 이전의 일상으로 돌아가지는 못할 것이다.

사람들의 바뀐 패턴은 다시 예전으로 돌아가지 않을 것이다. 지성이 있는 모든 사람은 온라인으로 접속하여, 각자의 의견과 생각을 공유하고 취미, 구매, 여가 모든 생활을 온라인을 통해서 하고 있다. 심지어 어린아이들의 게임, 학습, 애니메이션 시청도 스마트폰의 애플리케이션을 통해서 하고 있다. 일반인들에게 온라인은 단순히 친구들과 소통하는 정도의 수준으로 사용되었다. 그리고 사업적인 측면에서 생각해보자면 온라인은 오프라인 사업에 대한 경계를 이어주거나, 상품을 판매하기 위한 쇼핑몰 등을 개설하여 사업 영역을 확장시켜주던 수준이었지만 이제는 필수불가결(必須不可缺)한 매체가 되었다.

가장 가까운 예로 TV프로그램에서 방청객과 소통하는 장치로 화상채팅을 이용하는것을 보면, 이제는 단순히 온라인을 통해 지인들과 소통하던 수준을 넘어선 것으로 기업, 사업가, 직장인, 주부, 학생, 어린아이 등 모든 이의 일상에 없어선 안 될 매체로 자리잡은 것이다. 만약 지금 당장 나에게 온라인이 큰 필요가 없다고 생각해서 배워두고 익혀두지 않는다면 자신의 인생과 사업에서 원하는 그 어떤 것도 얻을 수 없는 때가 곧 오게 될 것이다.

'맥킨지'에서 발표한 '9가지 신기술'에 의하면 사라질 다양한 직업 중에 우체국과 은행, 학교, 병원, 법원, 공장에 관련된 직업 그리고 CEO가 포함되어 있다. 또한, 팬데믹 훨씬 이전에 한국행정연구원과 카이스트 (KAIST) 연구진, 관련 전문가들이 만든 정부 최초의 인사행정 미래 전략 보고서 「미래비전 2045」에 의하면 직업공무원을 대체할 자유 공무원제가 도입된다고 한다. 그리고 UN의 「미래보고서」에는 2030년까지 20억 개의 일자리가 소멸하고, 현존하는 일자리의 80%가 사라진다고 한다.

언택트(비대면) 시대의 가속화를 가볍게 생각해서는 절대 안 된다. 지금 우리의 직업과 사업은 모두 온라인과 AI 기술의 발달로 인하여 사라지거나 변형될 것이다. 여태껏 문명이 인류의 편리를 위해 발달되었다면, 앞으로는 문명에 맞는 직업과 사업을 준비해야 한다. 여태 그래 왔듯이 국가와 기업은 우리 개인을 위해서 기술의 발전을 중단하지 않는다. 결국, 우리 개인이 국가와 기업의 변화에 따라 움직여야 한다.

정확하게 말하자면, 국가와 기업의 변화에 따라 소비자도 변화한다. 의사의 소비자는 환자이며, 변호사의 소비자는 의뢰인이다. 공장의 소비자는 제조업체 또는 기업이고 공무원의 소비자는 세금을 내어 그들의 급여를 주는 국민과 국가이다.

세상의 모든 직업과 수익을 목적으로 하는 집단에는 소비자가 존재한다. 그리고 이제 그 소비자는 그동안 인류의 소비와 소득에 대한 원리를 완전히 깨부술 것이다.

이제 기업은 제품을 만들지 않는다. 마케팅이 상품과 서비스를 만들어 내면 그것에 맞추어 제품을 생산한다. 또한, 뉴스가 세상을 말하지 않는다. 다양한 카테고리의 콘텐츠를 소비자인 개인이 만들어 공유하고, 그것으로 다양한 콘텐츠 소비자들이 모여 SNS에서 세상을 이야기한다. 결국, 마케팅의 흐름에 따라 세상이 움직이고 있는 것이며, 주식과 암호 화폐 시장 역시 마찬가지로 엄청난 영향을 받는 것을 쉽게 알 수 있다. 이제 마케팅 없이는 세상이 돌아가지 않는다고 해도 과언이 아니다.

『사람들이 줄 서는 매장의 영업비법』에서는 필자가 경험한 스물한 개 직업과 아홉 번의 사업 실패, 마지막 성공을 통한 깨달음 그리고 그 마케팅 비법을 담았다. 대한민국의 모든 대표님, 예비 창업자님 그리고 남녀노소 직업과 직군을 막론하고 모두에게 도움이 되리라 생각한다. 간절히 바라건대, 내 책을 통해서 여러분의 사업과 매장 그리고 자신의 미래의 위치를 선점하였으면 좋겠다.

목차

1장 어떻게 해야 손님이 올까요?

2장 고수는 장사보다 마케팅에 목숨 건다

3장 온라인 마케팅 채널의 특징을 살려 브랜딩하라

4장 매출 올리는 온라인 마케팅 8가지 비법

5장 고객 재방문율을 50% 더 올리는 기술

1장

-

어떻게 해야
손님이
올까요?

01

'안녕히 가세요'는 작별 인사다

"자존심에 상처가 된다. 잊기 위해 최선을 다하고, 그렇게 하지 못했다면 최소한 그런 척이라도 하라."
– 몰리에르(1622~1673, 프랑스 작가)

우리나라에서 손님으로 방문해서 퇴장할 때면, "고객님, 안녕히 가세요!"란 인사를 매번 듣는데 어떤 계약이나 구매를 하지 않을 때면 나는 미안해진다. 사람들은 헤어짐과 이별을 두려워하고 무서워한다. 특히, 정이 많은 우리나라 사람들은 더욱 크게 두려움을 느낀다. 퇴장하는 손님의 유형은 딱 2가지다. 미안함을 느끼고 매장을 나오거나, 고마움을 가지고 매장을 나서게 된다. 미안함을 간직한 사람은 작별 인사를 듣게 되는 순간, 나의 매장에 다시 방문하기가 힘들어지고, 고마움을 느낀 사람은 '안녕히 가세요.'라는 인사를 듣게 되면 뭔가 즐겁던 마음에 아쉬움 이라는 부정의 무의식을 남기게 된다.

왜 다수의 매장에서 나가는 손님에게 '안녕히 가세요.'라는 인사를 하는 걸까? 이 모든 사건의 시작은 엘리베이터와 동네 골목에서 시작된다. 유아기에 접어들면서 부모님의 가르침대로 동네 이웃에게 가장 처음으로 인사를 하는 것이다. 그런데 이웃에게 '좋은 아침입니다. 오늘도 즐거운 하루 보내세요.'라고 하는 사람이 몇이나 될까? 적어도 내 주변에는 없는 것 같다. 왜냐면 안부를 묻는다는 것이 뭔가 과장되게 느껴지며, '안녕히 가세요.'라는 인사는 간단하며, 보편적인 인사이기 때문이다.

솔직히 말하자면 그냥 이웃을 마주했고, 같은 공간에 있을 때 어색하지 않기 위해서 형식적으로 내뱉는 인사다. 물론 60~80년대 태어난 사람은 다르게 느낄 수 있다. 그때만 해도 정말 가족처럼 어제 저녁의 안부를 묻고, 오늘 저녁의 계획을 공유하며 지내던 이웃사촌이 있었으니까. 하지만 90년대 이후 흔히 말하는 이웃사촌은 찾아보기가 힘들다. 이웃만이 있을 뿐이다.

어릴 적 처음 배운 인사 습관이, 학생이 되고 어른이 되면서도 고쳐지지 않고 그대로 남아 있는 것이다. '왜?' 그것을 가르쳐줄 사람이 없다. 살면서 문제 될 것이 없고 전혀 이상한 행동이 아니기 때문이다. 하지만 매장에서 영업하는 우리는 분명하게 다른 시각으로 보아야 한다. 그렇다면 형식적인 인사에 대해서 생각해보자. 나의 소중한, 감사한 고객에게 형식적인 인사를 한다는 것은 고객이 그렇게 느끼든 그렇지 않든, 고객 응대를 대충하는 것이다. 그리고 그 대충하는 응대는 분명하게 고객의 무의식에 부정적으로 자리잡는다.

경주에 있는 어느 관광지에는 사람이 아주 많이 다녀간다. 그리고 그곳의 기념품 상점 중에는 금관을 주로 판매하는 상점이 있다. 40대쯤 된 남자 사장님이 상점 앞에서 신라 시대의 옷차림을 하고 아주 공손하게 인사를 하는데, 손님들이 상점 안에서, 상품에 대해 문의하자 주인은 아주 밝게 웃으며 친절하게 설명을 해주었다. 손님은 매우 만족한 눈치였고, 나는 그때 그 사장님이 손님에게 건넬 이야기를 예상해보았다.

"손님! 이제 딱 두 개가 남았습니다. 이 금관의 잉어 문양은 재물 복을 가져다주는 것으로 유명하답니다. 예로부터 잉어를 마당에 키우는 것은 부와 명예를 상징하기도 했지요. 커플로 하나씩 구매하셔서 집에 기념으로 두시면 어떨까요? 두 개 10만 원인데, 7만 원에 드리겠습니다."

아마 고객은 흔쾌히 구매했을 것 같다. 데이트하러 온 연인이고, 남자 손님이 아니라, 여자 손님이 관심을 가졌고 둘은 분명 이제 갓 연인이 된 사이 같았다. 그런데, 상점의 사장님은 갑자기 "그럼! 찬찬히 둘러보시고, 좋은 시간 보내세요!"라며 먼저 마감을 해버렸다. 나로서는 이해할 수가 없었다. 그리고 담배를 다 태운 친구가 밖에서 나를 물끄러미 보기에 상점을 나서는데, "안녕히 가세요. 손님!"이라며 90도로 인사를 해주셨다. 그리고 뒤따라 나오는 커플에게도 아주 공손히 인사를 하셨다. 출입문이 좁고 길어서, 나와 커플의 사이가 그리 멀지 않게 퇴장을 하고 있었다. 그때 여자 손님이 남자친구에게 하는 말이 내 귀에 들려왔다.

"7만 원이라는데, 기념으로 하나 사둘까?"
"갖고 싶어? 사줘?"
"아니야, 덥다~ 빨리 돌아보고 가자."

무엇이 잘못되었을까? 상점은 들어갈 때부터 아주 기분이 좋았다. 사장님의 의상이 마치 코스프레처럼 느껴져 정말 놀러 온 기분이었고 우렁차고 밝은 인사에 모처럼 일상을 탈출한 느낌이었다. 그런데 왜 커플들은 물건을 구매하지 않았을까?

첫 번째, 사장이 손님의 눈치를 보았다. 손님은 왕이다. 왕이 무엇을 원하는지 잘 파악해서, 알맞은 상품을 권해주면 된다. 왕은 신하들의 말을 잘 듣고, 조율해서 어느 한쪽으로 기울지 않도록 바로 잡아주는 역할을 해야 한다. 따라서 나는 손님에게 왕의 대접을 하되, 손님은 나의 의견과 권유를 잘 들어주어야 할 의무가 있다. 또한, 갑과 을의 관계에서는 손님이 을이어야 한다. 몸이 아파 병원에 간 손님이 의사 말을 잘 듣는 것처럼, 판매하는 상점에 온 손님은 판매자의 설명을 잘 듣고, 추천해주는 대로 구매하는 것이 맞기 때문이다.

그러나 사장님은 왕의 눈치를 본 것이다. 따라서 이 거래 관계는 애당초 성립될 수 없었다. 이런 영업 방식이 성공한다고 하여도 오래가지 못하는 것은 당연하다. 충신이 없는 나라는 무너지기 마련이니까.

두 번째, 사장은 손님의 무의식에 부정을 심었다. '안녕히 가세요.'를 직역하면 '잘 가세요.'라는 뜻이다. 그런데 사람은 본디 선한 본성을 가지고 태어나지만, 세상을 살며 모진 풍파를 겪으면서 점점 부정적인 사고에 휩싸여 살아가게 된다. 그런 사람들에게 '잘 가세요.' 단어 뒤에 한 문장을 더 붙여보라 하면, '다신 보지 맙시다.'를 가장 먼저 떠올릴 것이다.

매장 밖에서 안으로 들어가는 손님에게 인사하기보다 매장 안의 손님을 살피며, 들어오는 손님에게 인사를 하고, 친절히 응대하며, 빈손으로 나가는 손님에게 마음을 다해 어필하는 것이 훨씬 효과적이다. 손님이 출입문으로 등을 돌릴 때 "벌써 가십니까? 둘러보시고 나올 때 한 번 더 들러주세요. 오실 때까지 물건이 팔리지 않고 있다면 왕관이 주인을 기다렸구나! 생각하고 1+1로 드리겠습니다."라는 마지막 마감을 던졌다면, 어땠을까?

이것은 그냥 단순한 영업 멘트가 아니다. 단어 속에 손님을 왕으로 모시는 모든 구조가 포함된 것이다. '왕관', '주인', '기다림', '1+1' 이처럼 손님의 무의식에 긍정을 주입해야 한다. 오늘 실적으로 이어지지 않아도 다시금 매장을 생각나게 한다. 손님인 나를 진짜 왕으로 모셨던 매장으로 기억하게 한다.

유명 호텔이나, 백화점 등의 고급 CS는 스텝의 기준도 정해져 있을 만큼 인사는 중요하다.

'15스텝 5스텝'과 같은 규칙이 있는데, 열다섯 발자국 이내는 눈을 마주치며 가벼운 눈인사를 하고, 다섯 걸음 이내에서는 "안녕하십니까, 어서 오십시오.", "어서 오십시오. 무엇을 도와드릴까요?"와 같은 정해진 인사를 육성으로 뱉고 나서, 몸의 각도를 15~30도 정도 구부려 인사한다고 규정한다. 이 작은 규정들은 분명히 철저한 분석과 데이터를 통해서 정의되었을 것이다.

이러한 정통 방식을 모두 지켜야 할 필요는 없지만 적어도 인사말 정도는 따라 할 필요가 있다.

이처럼 대기업에서는 절대로 '안녕히 가세요.'라는 간단한 인사를 하지 않는다. "감사합니다. 또 오세요.", "즐거운 쇼핑 되셨나요. 조심히 돌아가세요." 등과 같은 인사를 사용한다. 또 오라는 긍정의 부탁과 쇼핑이 제공했던 즐거움에 대해 아쉬움을 각인시키고, 조심이라는 안정적인 단어를 사용해 손님의 무의식에 침투하는 것이다. 전문 CS 교육을 들어본 사람이라면 필자가 하는 말이 무엇인지 이해할 것이다. 보편적인 매장으로는 세븐일레븐의 아르바이트 직원 중, 제대로 교육을 받은 매장의 인사가 그렇다.

그래서 나는 세븐일레븐을 좋아했고, 어머니가 편의점을 한다고 하셨을 때 바로 세븐일레븐을 권했다. 대기업과 장사가 잘되는 매장들은 고객 만족과 감동에 대하여 큰 것부터 작은 것까지 어느 것도 놓치지 않는다. 고객에게 가장 처음 비추어지는 '브랜드 이미지'이며, 돈을 들이지 않고 고객의 재방문을 유도하는 아주 유용한 방법이기 때문이다. 큰 것을 준비하지 못한다면, 반드시 작은 것이라도 최선을 다해야 한다.

왜 손님이 앞 가게, 옆 가게로 갈까?

"성공한 사람이 아니라 가치 있는 사람이 되기 위해 힘쓰라."
– 알베르트 아인슈타인(1879~1955, 독일 → 미국 물리학자)

스무 살 때 핸드폰 판매 아르바이트를 했었는데, 당시 기본급이 30만 원이었다. 판매자가 마음대로 가격을 조율할 수 있고, 가입비 등을 명목으로 매장의 선배들은 돈을 많이 챙겼다. 30평 남짓한 매장에 남자직원 네 명과 여자직원 두 명이 있었고, 손님으로 가득 차 있었다.

매일 2~3대는 기본으로 판매하였는데, 내가 처음 판매를 시작했을 때

대학교 친구들에게 핸드폰 판매한다고 말하는 것이 부끄러워서 말하지 못하고 무조건 저렴하게 판매하면 될 것이라고 박리다매로 실적 1등을 꿈꾸던 순수했던 시절이 있었다.

그런데 꼴좋게도 한 달간 나의 실적은 4대였고 당시 급여 조건이 5만 원 이상 20대를 판매하거나, 순수익으로 120만 원을 넘기면 기본급을 받고 그렇지 못한 경우에는 기본급이 아예 없었다. 어쩌면 이건 기본급이라기보다 영업비용에 가까운 수준이었다.

그래도 내가 그 일을 택한 이유는 초과된 수익에 대해서 100만 원당 인센티브 30%를 받는 조건이었고 학생이라 술집이나 피시방, 편의점이 아니면 마땅한 일이 없었기 때문이었다. 고깃집 서빙을 해보았기 때문에 술집에 일하며 취객을 상대하는 것이 싫었고 피시방은 하나에 꽂히면 빠져나오지 못하는 성격 탓에 게임을 멀리했다. 그리고 편의점은 남자는 야간 아르바이트 위주로 구해서 기숙사에 생활하던 나로서는 시간이 맞지 않았다. 결국, 오후 5시부터 저녁 9시까지 근무 가능한 그곳을 선택한 것이다. 당시 시급이 4,000원이니 인센티브까지 받는다고 생각하면 웬만한 아르바이트보다 2배는 더 벌 것으로 생각했다.

그러나 현실은 그렇지 않았다. 출근하는 데 드는 차비만 6만 원이었다. 사수와 나는 나이 차이가 띠동갑을 넘었던 거로 기억한다. 이름은 나와 비슷해 아직도 기억한다. 승규라는 형이었다. 뒤늦게 알았는데 팀장은 막내를 돌보지 않는데, 같은 경상도 사람이라 사장님에게 부탁해서 나의 사수가 되었다고 한다. 급여 날, 승규 형이 퇴근 시간이 다 되어 갈 즈음 내게 조심스레 와서, 약속 없으면 소주나 한잔하자고 했다.

사실, 나는 갓 스무 살이었고 그 형은 30대 초반이었던 것으로 기억한다. 요즘은 20대와 30대의 구분이 크게 없지만, 내가 스무 살 때만 해도 30대는 완전 어른이었다. 세대 차이를 느꼈기에 불편한 자리였지만 돈은 없고 술은 고프고, 흔쾌히 알겠다며 따라나섰다. 뭐가 먹고 싶냐며 메뉴를 고르라기에, 1초의 망설임도 없이 "회요!!"라고 답했다. 나의 고향은 바다와 강이 있어, 차로 20분 가면 민물고기, 바닷물고기 전부 맛볼 수 있다. 가격도 저렴한 편이다. 그런데 대전은 고향에서 3만 원 주면 먹을 양을 7만 원, 9만 원에 판매했기 때문에 학생인 내가 먹기에는 조금 부담스러웠다.

오랜만에 먹은 회는 야들야들, 쫀득쫀득 초장에 푹 찍어 먹으니 정말 꿀맛이었다. 당시 내 기억으로 각 두 병 정도 마셨을 즈음 조심스러운 말투로 내게 말을 건넸다.

"니는 손님 없을 때, 책상에 앉아서 뭐 하노?"

"요금제 외우고, 핸드폰 스펙 외우고 합니다!"

"그거 외우면 손님이 폰 사준다드나?"

"머릿속에 있어야 상담을 잘하지 않겠습니까?"

"니 손님이 없는데 니 머릿속에 그게 있어서 뭐 할 건데?"

여기서부터 나는 말문이 막혔다. 맞는 말이었다. 그런데 이상하게 화가 났다. 어린 마음에 속된 말로 찌질이 같은 그 팀장 놈이 내게 쪽을 주는 게 당시에는 너무 분하고 화가 났다. 어차피 돈도 못 벌었고 그냥 일 때려치운다는 생각으로 형의 말을 받아쳤다.

"행님은 처음부터 잘했습니까? 아무것도 안 가르쳐주고 내한테 왜 그리 말합니까?"

"이래서 군대를 갔다 와야 돼, 어디 따박따박 말대꾸를 하노?"

"그놈의 군대 타령 지겹도 안 합니까?"

"이 새끼 좀 봐라?"

'눈앞이 뺑글뺑글, 별이 반짝반짝했다….'

당시 핸드폰 가게에 일한 사람들은 지금 이 상황을 100번, 1,000번 이해할 것이다. 조인트 까기는 기본이고, 손님 놓치면 1시간은 기본으로 욕

먹고, 퇴근할 때 사유서 내고, 손님 클레임을 못 막아내면 퇴근하고 1시간은 기본으로 얼차려를 받았다. 그런데, 같은 경상도 사람이고 나이 차이가 크게 나는 터라 승규 형은 내게 베풀 수 있는 호의는 다 베풀었다.

"까불지 말고 딱 내일부터 시키는 대로 해라. 나오기 싫으모 나오지 말고!"라는 말과 함께,

"이모! 요 계산예!" 하고 가버렸다. 당장 쫓아가서 뒤통수를 발로 찰까 생각했지만 내 분노는 형과 나의 힘 차이를 이기지 못했고 다음 날 얼굴이 많이 부어 쪽팔려서 학교에 가지 못할 상황이었다. 당연히 출근도 하지 않았다. 쪽팔리는 건 둘째 치고, 그런 얼굴로는 매장에 있을 수가 없었기 때문이다.

'이왕 이래 된 거 공부나 열심히 하자.'라며 당시 상황에 대해 내 나름의 합리화를 하고 있었다. 저녁 10시가 조금 넘었을 때, 형에게 전화가 걸려왔다. 받지 않았다. 두 통, 세 통 계속 걸려오기에 전화를 꺼버렸다. 혹시나 집에 찾아올까 봐 도어락을 HOLD로 잠갔다. 그리고 다음 날 장문의 문자가 한 통 들어와 있었다. 술에 취해 옛 버릇이 나왔다며 진심 어린 사과와 함께 내가 제대로 배워볼 생각이 있다면, 나에게 영업 비밀을 알려주겠다며 생각이 있으면 출근하라고 했다.

사장에게는 오늘 하루 휴무하라고 했으니, 그렇게 알고 출근하면 된다

고 했다. 사실 한참 어른에게 대든 내가 잘못한 것도 맞고, 형이 먼저 사과를 하기에 내 마음도 쉽게 풀렸다. 붓기와 멍이 빠지질 않아서 내일 당장은 어려울 것 같다고 답장을 보냈고, 바로 전화가 왔다. 병원에 같이 가자기에 돈이 없다고 했더니, 형이 내주겠다며 조퇴를 하고 함께 병원에 갔다. 그리고 나에게 많은 이야기를 해주었는데, 딱 4가지가 지금의 나를 만들었다.

첫째, 모든 손님에게 맞추려 하지 말고, 나에게 맞는 손님을 빠르게 컨택하라.

둘째, 상품의 정보를 외울 시간에, 다양한 상황과 질문을 'Role Playing(이하 RP)' 하라.

셋째, 1시간에 10분만 자리에 앉아라.

넷째, 지나가는 사람을 유심히 관찰하라.

"손님은 있는데 매출은 왜 없지?"

내가 3개월 차 될 때, 승규 형과 나는 나란히 1호점에서 1, 2등을 했다. 총 네 개 지점이 있었는데, 모든 매장의 1등 합산실적보다, 우리 둘의 합산실적이 더 높았다. 나는 매일 퇴근하고 형을 졸졸 따라다녔다. 형은 투룸에 살았기에 매일 형네 집에서 먹고 자면서 그 형의 말투나, 눈빛을 따라 하는 연습을 했다. 자연스레 형의 옷을 빌려 입었고, 나는 점점 스무 살짜리 아저씨가 되어가고 있었다.

형은 나에게 매일같이 말했다. 사람의 눈을 보지 말고 코와 눈의 중간을 보라고, 그게 손님을 보는 높지도 낮지도 않은 시선이라고 말했다. 그렇게 20대 패기와 독기로 가득하던 내 눈빛은 점점 편안해지기 시작했고, 매장에서 지나가는 사람을 구경하고 있으면 손님들이 들어왔다. 핸드폰을 교체하는 것도 아니었는데, 필름 바꾸러 들어오거나, 요금제 문의할 게 있다며 들어왔다.

대부분 나보다 누나들이었다. 내 이상형에 가까운 손님의 연락처를 얻어서, 일을 마치고 술을 마시기도 했다. 나는 미소년처럼 생기지도 않았고, 목소리가 남자답지도 않다. 대체로 전형적인 경상도 남자였고, 키가 크지도 않았다. 그런데 왜 누나들은 내게 술을 사주었을까? 지금 생각해보면 승규 형이 알려준 눈싸움에서 이긴 것이었다.

아 참, 빼먹은 것이 있는데, 그냥 바라만 보는 것이 아니라 주문을 외워야 한다.

"들어와라, 들어와라, 들어와라!"

신기하게도 진짜 손님이 들어왔다. 이상한 말 같은가? 57만 유튜브 채널 〈단희TV〉 이의상 작가의 스승이자 '한책협'의 대표, 출판계의 구루라 불리는 김태광 작가는 이런 말을 했다.

"내 생각의 주파수와 맞는 생각들을 끌어당기게 된다."

우주에는 법칙이 있다. 그중에서 끌어당김의 법칙에 따라, 우주 속의 지구는 중력과 같이 모든 생각을 끌어당기게 된다고 했다. 당시 내가 간절한 생각으로 그것을 바랐기에, 그들이 나에게 온 것이다. 그 결과가 긍정이건 부정이건 상관없이 예쁜 누나들과 술 먹고 싶은 어린 나의 마음, 핸드폰 한 대라도 더 팔아야 돈을 번다는 간절함이 그들을 나에게 끌어당긴 것이다.

우리에겐 별명도 생겼다. 거미와 거머리였다. 내가 거미고, 승규 형은 거머리였다. 손님이 들어오면 상담 테이블로 바로 안내하고, 승규 형과 내가 함께 상담해서 손님이 다른 생각을 못하게끔 했다.

그렇게 4개월 차, 매출 약 1,500~2,000만 원을 달성했고, 급여는 부가세와 원천세를 제외하고 350~400만 원가량을 받았다. 상담 횟수와 판매비율이 거의 90% 이상이었고 무서울 게 없었다. 나는 2학기 때부터 아예 작정하고 모든 수업을 오전으로 몰아넣었고, 점심 조금 지나 출근하기 시작했다. 사장은 나와 승규 형을 믿고 신규 매장을 하나 더 내기로 했고 우리는 그때까지만 해도 자신만만했다. 얼마 지나지 않아 매장은 분리되었고 나는 어린 나이에 2팀장으로 1호점에 남았고, 승규 형은 신규 매장 오픈 멤버 팀장으로 갔다.

문제는 그때부터 발생했다. 손님과 내방은 그대로였지만, 나는 정신적으로 무너지고 있었다. 어쩌면 당시에 승규 형은 내게 정신적 지주와 같은 존재였던 것 같다. 형이 옆에 없고 1팀장 누나는 나름 나에게는 경쟁 관계였다. 내가 1팀장이 되기 위해서는 그 누나가 없어야 했기 때문에 크게 말을 섞으려 하지도 않았고, 정산과 실적보고 할 때 말고는 한마디도 섞지 않았다.

분명히 판매 대수는 그대로였고, 매출도 그대로였다. 하지만 나의 급여는 절반 수준으로 내려왔다. 문제는 나에게 있었다. 승규 형이 빠지자 나는 손님의 흥정에 불안을 느꼈다. "조금만 더 깎아주세요."라는 말이 나오면, 손님을 놓칠까 불안해서 그대로 판매를 한 것이다.

그다음 문제는 팀워크가 전혀 이루어지지 않는다는 것이었다. 나를 제외한 우리 팀의 막내가 나보다 세 살이 많았다. 승규 형과 내가 하던 상담 방식을 그대로 팀원들에게 알려주었고, 승규 형이 매장을 분리하기 전에 회식 자리에서 나의 어깨를 세워주었다.

"나이는 어려도, 내한테 개 맞듯이 맞으면서 배웠으니까, 팀장 대우 잘 해줘야 한다. 신규 매장 안정화되면 다시 팀 섞을 테니까, 그때까지는 도규 말 좀 잘 들어주고, 동생이니까 너거(너희)가 잘 챙겨줘라 알겠제?"

하지만, 현실은 반대였다. 아니 어쩌면 그 불안을 내가 끌어당긴 것인지도 모른다. 어리다는 이유로 나 스스로 그들을 경계했고, 좀 더 솔직한 모습을 보였어야 했지만 늘 어깨에 들어간 힘으로 타인을 질책하며, 원인을 따지기 바빴다. 손님을 놓치면 욕을 하거나 때리지는 않았지만, 핀잔을 주며 내가 배웠던 악습을 그대로 적용했다. 그러자 한 달을 못 버티고, 나이가 제일 많던 누나는 일을 그만뒀다. 남자 세 명이 남은 2팀은 비상이었다.

전산을 대부분 맡아서 해주었고, 우리는 판매에만 집중하면 되었기에 그 빈자리가 아주 크게 느껴졌다. 그리고 남자 고객들을 상대하면 은근슬쩍 누나의 도움을 받고 있었다는 것을 그제야 느꼈다. 갑자기 팀의 실적이 반토막나기 시작했고, 복학 시즌이 다가와서 세 살 많던 막내 형도 퇴사했다.

'어디서부터 잘못된 걸까, 나의 경솔함 때문인가?'

나는 수차례 되물었지만 어린 내가 정의하기에는 그 상황들이 너무 어렵기만 했다. 결국, 나는 슬럼프에 빠져들었고, 판매 대수는 점점 줄어들기 시작했다. 그 끝에 1년을 채우지 못하고 나는 퇴사를 선택했다. 매장에 출근하면 나를 반겨주는 사람이 아무도 없었고, 끝내 외톨이 신세가 되었다. 마치면 승규 형을 만나 신세 한탄하며 술과 유흥에 빠져 살았고 그대로는 답이 없겠다 싶어 퇴사를 선택했다.

"인생에서 저지를 수 있는 가장 큰 실수는 실수할까 봐 끊임없이 두려워하는 일이다."
– 엘버트 허버드(1856~1915, 미국 작가)

나는 젊은 CEO로 지역에서 나름대로 유명인사로 살아왔다. 그리고 벼랑 끝까지 내려간 적도 있었다. 앞으로 책에서 나의 이야기가 계속되겠지만, 이제는 그때 문제의 원인을 확실하게 느낀다. 당시 손님이 많았지만, 매출이 줄어들고, 결국 팀 해체까지 가게 된 원인의 가장 큰 문제는 나에게 있었다. 이렇게 이야기하면 식상하겠지만 이건 사실이다.

조금 더 객관적으로 이야기하자면, 조직개편의 실패였다. 내가 직접 매장을 운영하는 당시, 내가 가장 신뢰하던 점장이자 동생이 있었다. 딱 그때의 나를 내가 다시 만들어낸 것이다.
그리고 그 동생이 몰락하는 모습을 지켜보면서도 나는 그때의 나를 떠올리지 못했다. 시간이 한참 지난 후에야, 내가 나의 과거를 다시 재현했던 것을 깨달았다. 자신보다 여덟 살 많은 사람을 아래에 두고 부려야 했으니, 얼마나 힘이 들었을까! 지금 생각하면 미안할 뿐이다.

신세 한탄은 여기까지만 하고, 본론으로 돌아와 이야기하자면, 가장 중요한 것은 손님에 대한 불안감이다. 나 스스로가 위축되니, 손님에게 끌려다닌 것이다. 승규 형의 역할은 항상 나에게 자신감과 용기를 주었다. 하지만 그 존재가 사라지자 나는 점점 불안감에 휩싸였고, 결국 선의의 경쟁이, 과한 욕심과 부정적인 욕망으로 변질되어버린 것이다.

첫째, 맞지 않는 사람과 억지로 일하게 두면 안 된다. 빠르게 둘 중 하나를 선택하라.

둘째, 회사의 규모에 따라 직급 체계를 형성하고, 되도록 나이나 경력순으로 나열하라.

셋째, 직원들의 사기와 자신감은 결국 매출로 이어진다.

결국, 자신감이다. 절대 위축되게 만들지 말라. 영업이라는 전쟁터에서 후퇴할 곳이 없다면 그것은 최악이며, 특정 상황에 대처할 만한 마인드 컨트롤이 되지 않으면 시장의 경쟁에서 도태될 수밖에 없음을 명심해야 한다.

입장부터 퇴장까지 손님의 시선을 잡아라

"심플하다는 것이 복잡한 것보다 어려울 때가 있다. 일을 심플하게 하기 위해서는 열심히 노력해서 사고를 명료하게 해야 하기 때문이다. 하지만 그만큼의 가치가 있다. 왜냐하면, 일단 거기에 도달할 수 있다면 산도 움직일 수 있기 때문이다."

– 스티브 잡스(1955~2011, 미국 기업가)

손님의 시선을 사로잡는다는 것은 무엇을 의미하는 걸까? 여러 매장을 보면 다 각자의 개성을 가지고 있다. 프랜차이즈는 대개 정형화되어 있는 것 같지만, 꼭 그렇지만은 않다. 다 각자의 규정과 지침이 존재하지만, 업주의 선택에 따라서 배치되기도 한다.

　신기한 점은, 개인 사업이 아닌 프랜차이즈의 경우 모든 제품이나 서비스의 품질이 같다는 것이다. 그런데, 어떤 매장은 자리가 좋아도 지출 대비 수익률이 낮지만, 어떤 매장은 그저 그런 자리에서 예상 매출의 2배 이상을 내는 일도 있다. 과연 둘의 차이점은 무엇일까?

　2018년 봄, 나는 내가 살던 지역에서 규모가 꽤 큰 법인 회사와 가맹 계약을 하게 된다. 그게 나의 마지막 장사였는데, 법인 회사는 대기업과 계약된 총판 대리점으로 20여 년을 운영해온 꽤나 규모가 있는 곳이었다.

　이전에 나는 수차례 회사로부터 부당한 대우를 받거나, 계약 조건의 변경으로 허송세월하였고, 결국 빚을 갚기에 부족한 급여를 충당하기 위해서 대리운전, 정수기 점검, 프리랜서 작가까지 총 4가지 일을 했다. 일요일을 제외한 나머지 날에는 하루 4시간 정도 잠을 자며, 정말 미친 듯이 회사와 사장을 위해 살았다. 17년도에 이직을 하면서 계약 조건이 변경되었는데, 나를 고용한 사람이 회사 대표의 아들이었다. 대표를 만나 최종 면접을 보는데 갑자기 변경된 급여 조건에 적잖이 당황했지만 그 아들이 자신만 믿고 따르라기에 믿고 기다렸다. 하지만 1년이라는 시간 동안 많은 사건을 겪으면서, 신뢰를 잃게 되었고 결국 회사를 퇴사하는

지경에 이르렀다.

그때 걸려온 한 통의 전화가 나에게 참 많은 교훈과 경험을 제공했다. 경쟁사에서 나에게 투자를 하겠다며 매장을 운영해보지 않겠냐는 제안을 해왔다. 지금 돌이켜 생각해보면 투자라기보단, 다 망해가는 매장을 맡아 할 사람이 없으니 어린 나에게 혹하는 말로 유혹하지 않았나 생각한다. 그렇게 보증금 3천만 원에 월세 250만 원 시장 입구에 있는 20평 남짓한 매장의 사장으로 나는 첫 핸드폰 대리점을 인수하게 되었다.

내가 인수하기 전 매장의 월 판매 대수는 열다섯 대 정도였는데, 거의 지인 판매가 대부분이었다. 내가 인수하기 전에 키가 190이 넘고 어림 봐도 몸무게가 120kg은 넘을 것 같은 40대 초반의 남자 사장님이 운영하고 있었다. 나중에 알게 되었는데, 매장 월세를 본점에서 계속 내고 있으니 결국 마이너스였다는 소리다. 가장 처음 한 것이 매장 구조를 변경하는 것이었다. 그리고 그다음으로 덕지덕지 붙어 있는 포스터들을 떼어내고, 유리창과 바닥을 열심히 닦았다. 정말 일주일 넘도록 청소만 한 것 같다. 그렇게 약 보름 정도의 준비 기간을 끝내고, 18년 3월 정식으로 사업을 시작했는데, 내가 상상했던 것과는 전혀 다른 상황으로 흘러갔다.

매장 바로 앞에 버스 정류장이 있고, 시장 입구와 공용주차장이 바로

맞은편에 있어 유동 인구도 정말 많았다. 내가 사는 동네에서 가장 많은 유동 인구가 있다 해도 과언이 아니었다. 그런데, 도대체 이 매장에서는 무슨 일이 있었을까? 인수하고 일주일간 정말 손님이 단 한 명도 들어오지 않았다.

그러자 바로 내 머릿속에는 숫자들이 흘러 다녔다. 내가 적자를 보지 않으려면 지금쯤 순수익으로 80만 원 정도가 발생하여야 하고, 거기에 내 인건비, 식대, 교통비를 계산하면 못해도 200만 원은 들어와야 어지간한 급여자 생활을 할 수 있었다. 문제는 앞서 이야기했던 내가 가장 신뢰했던 동생이다. 동생의 월급을 챙겨줘야 하는데, 점점 압박은 심해져 갔다. 다행인지 불행인지 당시 동생은 연고지가 없었고 내가 우리 집에서 함께 지내자고 제안했고, 우리 집에서 함께 살았다. 그래서 밥만 있다면 두세 달 정도는 버틸 수 있다는 이야기로 나를 위로했다. 하지만, 이대로 흘러가다간 또다시 빚쟁이가 될 것 같았다. 퇴근하고서 동생과 매장에서 술을 한잔하고 집에 돌아와 침대에 누우면 몰려오는 잠보다, 다가오는 월세 날이 더 걱정이었다. 당시 돈이 없어 차를 두고 동생과 버스를 타고 다닐 정도로 가난했다.

제일 처음 내가 시도한 것은 거리공연을 하는 동생에게 매장 오픈 행사를 좀 해달라고 부탁했다. 신나는 노래나 춤은 없었지만, 시장통에 상인들이 볼 때는 그래도 신선했는지 다들 흥얼거리며 봐주셨다. 그리고 길을 가던 50대 아저씨 한 분이 내게 말을 걸었다.

"사장이 바뀌었습니까? 참~ 그 사기꾼 놈 때문에 이 좋은 자리에서……. (중략) 어쨌든 다음에 한 번 들를게요."

순간 머리가 핑 돌았다. 하지만 나는 돌아갈 곳이 없었다. 이제 와서 그만두겠다고 하는 것도 내 자존심이 허락하지 않았다. 정말 판촉물이라도 사서 돌리고 싶을 만큼 절박했지만 내가 가진 돈은 20만 원이 채 되지 않았고 그 돈은 출퇴근 버스비, 점심 반찬으로 먹을 땡초와 상추 살 돈이었다. 뭐라도 해야겠다는 생각에 인터넷을 뒤지기 시작했고, '쿠O'에서 캔커피와 두유를 저렴하게 판매하고 있었다.

돈이 없어서 고민하던 중에, 결제하기에서 소액결제가 가능하다는 것을 알게 되었다. 바로 114에 전화해서 이용 한도를 변경하고, 50만 원 치 캔 커피와 팩 두유를 주문했고, 따듯하게 데워서 바구니에 담아 가게 문을 닫고 동생과 둘이서 시장통을 돌아다녔다. 새로 오픈했다며 음료를 돌렸고, 사장이 바뀌었다며 전단을 돌렸다.

첫날 바로 반응이 왔다. 채소를 판매하시던 아주머니께서 폴더폰을 사용하셨는데 카카오톡에 관해 이야기하시기에 바로 말씀드렸고 계약까지 이어졌다. 그리고 다음 날부터, 손님이 끊이지 않고 들어오기 시작했다.

첫 번째 달에는 약 50여 대를 판매했고, 이후부터 꾸준하게 75대 정도를 판매했다. 직접 상권을 돌며 인사하는 아주 원시적인 방법으로 500%의 성과를 만들어낸 것이다.

이때 나는 매장은 영업의 장소가 아니라는 것과 노력은 절대 배신하지 않는다는 것, 손님이 오지 않는 것이 아니라 못 올 수도 있다는 것을 깨달았다. 손님이 매장에 입장하고 퇴장할 때 가장 크게 신경 쓰는 것은 자신을 응대한 사람과의 스토리다. 어떤 포스터가 붙어 있건, 예쁘고 멋진 모델들의 블라인드가 걸려 있건 그것은 중요하지 않다. 결국 들어오기 전 여기 매장에는 누가 있으며, 어떤 서비스를 제공한다는 것을 알려야 한다.

그러기 위해서 우리는 전단을 만들어 돌리고, 커피와 두유를 나누어 고객들과 소통했다.

"추운데 고생 많으시죠? 버스정류장 옆에 매장 있으니 오셔서 몸 좀 녹이고 하셔요. 뭐 안 사셔도 되니까, 오셔서 TV도 보시고 하셔요."

'내가 건넨 인사에 정말 몸을 녹이러 온 사람이 있을까?'

'영업하는 업장에서 TV 보느라 앉아서 죽치는 사람이 있을까?'

단 한 명도 없었고 오히려 우리에게 떡과 빵, 그리고 가끔은 반찬을 나누어주셨다. 그리고 전단을 돌리며 전한 메시지는 전단의 내용보다는 '젊고 성실한 청년들이 열심히 영업하고 서비스한다.'라는 이미지였다. 그런 이미지를 심어주고자 했다. 어렵게 생각하면 어렵기만 하다. 간단하게 생각하는 것이 때로는 정답이다. 손님이 무엇을 원하는지를 생각하기 전에, 손님에게 어떻게 나를 알릴까, 그것을 생각하면 된다.

손님을 불러오는 직원은 따로 있다

"순간을 사랑하라. 그러면 그 순간의 에너지가 모든 경계를 넘어 퍼져 나갈 것이다."

– 코리타 켄트(1918~1986, 미국의 수녀, 아티스트)

스물셋, 미국으로 떠난 한 청년이 있었다. 그는 17년 동안 7개의 사업을 모두 실패하고, 마지막 전 재산 2,300달러를 가지고 식품 사업을 시작했고 끝내 8,000여 명의 임직원을 둔 기업의 회장 겸 대주주가 되었다. 이는 『돈의 속성』의 저자인 김승호 '스노우폭스' 회장의 일화인데, 그는 책 『김밥 파는 CEO』에서 이렇게 말했다.

"능력은 가르칠 수 있어도 그 본래 품성과 성실은 부모라도 쉽게 가르칠 수 없기 때문이다."

나는 새로운 직원을 뽑기 위해 면접을 볼 때 굉장히 들떠 있는 편이다. 그날만큼은 정장 바지에 칼 주름을 잡고 흰색 셔츠를 곱게 다려 갖춰 입고 출근한다. 열 번의 면접을 보면 그중 한 명의 괜찮은 직원을 만나게 된다는 것을 알면서, 나는 매번 오늘 면접 볼 직원이 그 한 명이길 바라며 설레었다.

기대는 기대일 뿐 직원을 채용한다는 것은 일손이 부족하기 때문이었고, 그래도 어린 친구들을 뽑아서 제대로 가르쳐준다면 좋은 성과가 있으리라 생각했다. 그러나 늘 나의 기대와 정반대의 상황들이 벌어지곤 했는데, 그럴 때마다 나는 "요즘 것들은 참 큰일이다."라며 혀를 둘러대곤 했다. 최저시급은 계속해서 오르지만, 급여를 받는 사람들의 태도나 생각은 더욱 이기적으로 변화하고 있다.

여태 나와 함께 일했던 사람 중 아직도 나와 함께 일하며 내 곁에 머물러주는 고마운 사람이 있는가 하면 나를 배신하거나, 돈에 쫓겨 떠나가거나, 교도소에 있는 사람도 있다. 다섯 명은 모두 면접 때 내가 원했던 가장 이상적인 답변을 해주었다. 따라서 시간이 지난 지금에서야 나는 면접에서 던지는 질문으로 그들의 인성과 나와의 관계를 예측해서는 안 된다는 것을 깨달았다.

내 곁에 있을 적에 나를 떠난 세 명은 나에게 의리로 함께 하겠다는 것을 맹세했고, 잠자는 시간을 빼고 하루 24시간을 함께 할 만큼 각별했다. 하지만 "왜 나를 떠났을까?" 질문을 던지면 "그 본래 품성과 성실은 누구도 바꿀 수 없기 때문이다."라고 답하고 싶다. 김승호 회장의 책에 보면 면접에 대한 다양한 조건들 약속 시각, 면접 서류, 옷차림, 앉은 자세, 경력 사항 등등…(중략)을 이야기하고 있는데 그중 나의 경험을 빌려 몇 가지만 이야기하겠다.

경쟁사에 근무하던 직원이 한 명 있었다. 우연한 기회로 연락을 주고받게 되었고, 그 친구의 마인드가 참으로 마음에 들어 욕심이 났었다. 하지만 상도에 어긋나는 짓을 할 수는 없었기에, 언젠가 꼭 나와 함께 일해 보자는 막연한 이야기를 하곤 했다. 어느 날 퇴사를 했다는 소식이 들려왔고, 면접을 보겠다며 간략한 이력서를 갖고 나를 찾아왔다. 생계를 위해 아르바이트를 하고 있어 시간은 저녁이 좋다고 했고, 그날 원래 나는 저녁 약속이 있었지만 그 친구에 대한 욕심 때문에 흔쾌히 승낙했다.

사실 처음 매장에 들어오는 모습부터 나는 실망을 했다. 정말 말 그대로 슬리퍼에 운동복을 입은 채, 약속 시각을 지키기 위해서 퇴근하자마자 오느라 복장이 편하다는 핑계를 내게 전했다. 하지만 그 친구의 영업 실력을 충분히 들었기 때문에, 사소한 문제라 여기고 크게 개의치 않았다. 그리고 퇴사한 이유가 동업으로 매장을 차렸고 매출이 꽤 높았지만 돈보다 함께 일하는 사람과의 신의를 더욱 중요하게 생각한다고 했다. 하지만 각자의 욕심만 추구하는 것이 싫어서 지분을 정리하고 항상 자신을 기다려준 나와 함께 일하고 싶다는 이야기는 꽤나 감동적이었다.

시간이 지난 지금 생각해보면 그는 항상 시간과 돈에 쫓겨 사는 사람이었다. 나를 떠나는 그 순간에도 단지 자신의 편안함과 돈에 대한 욕망에 휩싸여 나를 배신했고, 자신의 편을 만들어 내 자리를 탐했으나 결국 지금은 뭘 하고 지내는지조차 아는 사람이 없다. 그리고 나중에 알게 된 사실인데, 동업한 것이 아니라 더 좋은 급여 조건을 따라 직장을 이동했고, 거기서 본인이 이기적인 성향 탓에 따돌림을 당해 그만두고 내게 온 것이었다. 결국, 그는 돈을 좇아 어디론가 갔을 것이고 결국 또 돈을 좇아 떠돌이 생활을 할 것이다.

정말 그 누구보다 나를 믿고 따랐으며, 내가 가장 힘들 때 내 곁에 있어준 직원이 있다. 그는 매일 슬픈 발라드를 불렀는데, 그럴 때마다 나는 좀 신나는 노래를 듣자며 핀잔을 주고는 했다. 감수성이 굉장히 풍부한 친구였고 어린 나이에 경험하기 힘든 많은 경력을 가지고 있었기에 꼭 나를 보는 것만 같았다. 내가 앞서 이야기한 '배신'과 연관이 있는 친구다.

말이 조금 격한 듯한데, 조금 풀어 이야기하자면 내게 '이별'을 통보했다. 평소 그는 돈에 대한 욕심도 없었고, 오롯이 자신을 인정해주고 격려해주는 나를 좋아했다. 하지만 사업이 나날이 번창하며 매장이 계속 늘어났고 이내 내가 전부 관리할 수 없는 상황이 되어 하나의 매장을 그 친구에게 맡겨서 운영하게끔 했다.

기존의 경력과 다수의 아르바이트생을 관리해본 경험이라면 충분하리라 생각했지만, 내 생각과 다르게 흘러갔다. 매 순간을 이별, 감정, 사랑을 노래하는 그 아이에게 다른 직원들의 행동이 무척이나 스트레스였나 보다. 수시로 내게 푸념을 늘어놓았다. 이제 막 사회생활을 시작하는 아르바이트생과 수많은 아르바이트 경험을 거쳐 입사하는 직원은 분명히 다른 점을 갖고 있었다. 끝내 본인의 화를 이기지 못하고 점장의 자리에서 내려오고 싶다는 이야기까지 나왔고, 그대로는 운영이 어려워지는 탓에 경력자를 섭외하기 시작했다. 그리고 그 친구와 동갑내기의 경력자를 데려왔고, 둘을 함께 근무하게 했는데 문제는 거기서 발생했다.

이별을 노래하는 슬픈 청년, 도박에 빠진 난봉꾼 둘은 나날이 친해져

갔다. 슬픈 청년은 바로 앞에서 이야기한 내가 가장 사랑했던 동생이자 점장이고, '도박에 빠진 난봉꾼'은 내가 섭외한 경력자를 말한다. 둘은 참 잘 어울렸다. 한 놈은 어지르기 바쁘고, 한 놈은 치우기 바빴으니 그만큼 서로의 단점을 보완하는 관계가 또 있을까? 그 시너지로 매장은 나날이 성장했다. 하지만 거래처의 사정으로 내게 자금문제가 발생했고, 결국 조직이 흔들리기 시작했다. 은행에서 대출을 받고 카드론을 받아 돌려막았고, 가장 신뢰한다 생각했던 슬픈 청년에게는 최소한의 현금을 주었고 나머지는 내 카드로 생활을 부탁했다.

결론적으로 보면 자금이 문제였고 조직이 무너진 것은 결국 내 탓임이 분명하다. 땡전 한 푼 없이 시작한 사업으로 내가 관리하는 매장이 6개까지 늘어났고, 연초와 비교하면 연말의 매출이 400% 이상 상승했으니. 그만큼 지출도 늘어난 상태에서 자금의 흐름이 막혔으니, 나로서는 감당해낼 재간이 없었다. 단지 이로써 끝난다면 그냥 또 한 번의 도전이며 경험으로 여기겠지만 난봉꾼의 행동을 뒤늦게 알게 된 지금, 사랑하던 나의 슬픈 동생이 왜 나를 떠났는지, 결과적으로 조직이 왜 무너졌는지 나는 알 수 있었다.

술과 도박에 빠져 살았으니 돈에 대한 욕망만 커졌을 뿐, 돈을 벌기 위한 노력은 하지 않았다. 점점 생활고에 시달리기 시작했고 끝내 고객들의 계약에 손을 대기 시작한 것이다. 그리고 그 사기 계약들은 고스란히 책임자인 나에게 돌아왔고, 증거가 남은 것만 골라내어 1,500만 원이 넘고, 모두 합하면 4천만 원가량이 되지만 법원에서 지급 명령을 받은 금액은 1,500만 원 남짓이며, 그는 이미 교도소에 있는 것으로 알고 있다. 난봉꾼의 도박은 예정된 것이었다. 수소문하다 알게 된 사실은 이미 오래전부터 친구들의 명의로 대출을 받았고, 도박에 손을 댄 지 오래되었다고 했다.

내가 사랑하는 슬픈 청년이 그 아이를 믿고 따르기에 나 역시도 경계하지 못했던 것 같다. 조금만 더 알아보았더라면 오늘의 사태가 벌어지지 않았을 텐데 하는 후회가 남는다. 모든 것은 예정되어 있었다. 직원을 믿어서는 안 된다. 이제 와 고백하면 세상에 손님을 불러주는 직원은 없다. 단지 내가 불러온 손님에게 친절하게 응대하는 직원이 있을 뿐이다. 그리고 이별을 노래하는 사람과 멀리하라. 그의 노랫말처럼 당신과 그는 결국 이별하게 된다. 그의 슬픈 감정과 풍부한 감수성은 결국 당신을 자기 인생의 영화 같은 스토리로 끌어들여 비운의 주인공으로 만들고 있을 테니 말이다.

직원 수를 줄이면 손님이 늘어난다

"모든 기능은 유지비용이 든다. 소수의 기능을 가지는 것은 우리가 정말로 신경 쓰는 것에 집중하도록 하고 그것들이 뛰어나도록 만든다."
 – 데이비드 카프(1986~, 텀블러 CEO)

심리학자인 마이클 화이트(1948~2008, 호주)는 "어린아이가 부모에게 거짓말을 처음으로 제대로 할 때, 어린아이는 절대적이던 부모의 속박으로부터 자유로워질 수 있다."라고 했다.

이처럼 세상의 모든 사람은 어릴 때부터 거짓말을 하며 어른이 되어간다. 가족 간에도 거짓말을 하는 사람이라는 존재, 그러니까 당신의 직원은 무조건 당신에게 거짓말을 한다. 그것이 선의든 악의든, 그 크기가 작든 크든 그것은 중요하지가 않다.

소문이라는 것은 한 명의 사람이 두 명이 되며 말이 이어지고 그 내용과 본질이 변형되어 나타나게 된다. 그렇다면 이론적으로 거짓말쟁이가 모여 있는 사회에서 진실한 소문이란 존재할 수가 없게 된다. 내가 사업을 확장하고 있던 초창기, 직원들에게 아주 황당한 의심을 받게 된 적이 있다. 내게 200만 원 벌어주고, 급여로 180만 원을 받아가던 직원으로부터 시작된 이야기였는데, '매달 1억 가까운 돈을 벌면서, 매장 하나당 1,000만 원의 지출도 하지 않는 것이 수상하다.'라는 이야기는 끝내 나를 사치스러운 사람으로 내몰았다.

당시 나는 옷과 신발 한 켤레 사는 것이 아까웠다. 어쩔 수 없는 불가피한 자리에 입고 갈 정장을 한 벌 구입한 것 외에는 4년이란 시간 동안 제대로 된 옷 한 벌 산 적이 없다. 길거리에 판매하던 수면 바지 두 장을 구매해서, 어머니께 하나를 드리고 굉장히 기분 좋게 잠들었던 기억이 있다. 그만큼 내가 벌어들이는 모든 금액은 매장운영 및 확장준비에 사용되고 있었다. 하지만 끝내 소문은 극에 치달았고, 내게 당당히 말하는 이는 한 명도 없었다.

상황이 점점 극으로 치닫자, 그것을 내게 조심스레 이야기해준 직원이 있었는데, 나는 그 소문에 대해 침묵할 수밖에 없었다. 사실을 이야기하자니 직원들에게 나의 재정 상태와 계획을 모두 오픈해야 했고 그렇게까지 하면서 구차하게 해명하고 싶지 않았다. 계획이 달성되지 못하면 결국 거짓말쟁이가 된다는 생각과 함께 몇몇 직원은 끝내 퇴사를 했고, 나는 그것을 겸허하게 받아들였다.

생각보다 사태는 심각해져갔다. 직원 50% 정도가 퇴사했고 매장 세 개 중 한 개의 매장이 문을 닫아야 하는 상황이었다. 나의 정신은 너덜너덜해져 있었고, 이 문제를 어떻게 풀어가야 할지 막막했다. 줄어든 인건비만큼 매출만 줄어들면 다행이지만, 매장마다 고정 지출은 전부 달랐고 현금의 흐름이 막히기 시작하면 결국은 대출로 이어지는 악순환이 반복될 것을 알고 있었기 때문에 더욱 참담했다.

마지막 나의 선택은 근무시간을 조율하고, 교대근무 체제로 전환하는 것이었다. 매출이 적은 매장은 운영 시간을 줄였고, 바쁘면 옆 매장에 도움을 청하되 그 실적에 대한 인센티브는 판매자 20%, 지원인력 20% 형태였다. 30%는 세금과 관리비용으로 책정하고, 10%는 회사의 수익, 20%는 준비금으로 계산한 것이다.

그러자 신기하게도 현금의 흐름이 2배 이상 높아지기 시작했다. 이유는 바로 인센티브에 있었다. 모든 직원이 전 매장을 공유할 수 있었기 때문에, 그만큼 자신들의 영업기회가 늘어나는 것이었다. 사실 처음에 매장을 확장할 당시만 해도 일이 힘들다며 직원을 뽑아야 한다는 의견이 강했지만, 남아 있는 직원들은 점점 신입직원에 대한 불신이 커졌다. 그 후 매장 4호점을 인수하기 전까지 신규채용을 하지 않았다.

돌아보면 사업 초기에 나는 직원들과 다를 것 없는 생각을 한 것이다. 매출이 높아야 장사가 잘되는 것이고, 내 통장에 많은 돈이 오가야 만약의 사태에 대비할 수 있다고 생각했다. 당시 내 통장에는 매달 6,000만 원의 금액이 오갔지만, 내가 온전하게 사용할 수 있는 여유 자금은 600만 원이 되지 않았다. 그러나 직원의 수를 줄이고, 매장의 운영 시스템을 조금 변경하니 월 4,000만 원 정도의 매출이 발생했고, 지출은 2,000만 원이 줄어들었고, 준비 자금은 고스란히 저축할 수 있었다. 만약 이때 준비 자금을 마련하지 못했더라면, 자금의 흐름이 막혔을 때 나는 빚쟁이로 몰락했을 것이다.

손님이 많으면 매출이 높아지겠지만, 매출이 높다 하여 수익이 높은 것은 아니라는 것과 최소 6개월을 버텨 낼 자금이 없다면 직원은 최소화하는 것이 옳다는 것을 깨달았다. 그리고 그때 내가 만든 공식은 다음과 같다. 기존 매출 대비 3개월 이상 120% 상승한 상태에서 기존의 직원들에게 급여 체계 변경을 제안하거나, 신입직원의 채용을 묻고 그들의 의사에 따라 급여와 인센티브 비율을 조정하거나, 원하는 경우 급여 체계는 그대로 유지하고 신입직원을 채용한다. 만약 해당 시기에 특정한 이벤트나, 행사가 있을 경우는 일시적인 매출 상승으로 간주해야 한다.

또한, 근무태도가 180도 달라졌다. 당시에는 각 매장 세 명, 다섯 명이 근무를 했다. 그중 지각을 하거나, 사건 사고를 만드는 직원이 한 명씩은 꼭 있었는데 나는 사실 고객 클레임과 연관된 사고가 아니라면 크게 개의치 않는다. 지각이나 가벼운 사고 등의 경우는 어떻게 대처하는가, 그리고 그만큼 더 성실하고 열심히 일하는가에 대한 부분을 평가한다. 왜 지각했는지, 왜 사고를 발생시켰는지 물어봤자 서로 불편한 상황만 만들어질 것이다. 그만한 이유와 사정이 있으니 그렇게 된 것인데, 그것을 물어 뭐하겠는가?

하지만 당시의 상황을 떠올리면, 그 사소한 지각과 사건 사고들은 나머지 직원에게 영향을 미친다. 부정적인 영향을 받은 나머지의 업무 효율은 미세한 차이를 가지고 온다. 하지만 고객은 그 모든 것을 알고 있다. 우리가 심각하게 고민해야 할 것은 '몇 명의 직원으로 얼마만큼의 손님을 받고 매출을 만들 것인가?'가 아니다. '나의 직원들이 어떻게 해야 일에 집중하고, 고객에게 최고의 만족을 제공할 것인가?'에 대해서 고민해야 한다.

그렇게 온전히 일에 집중하고 밝은 표정으로 손님을 응대하며 근심과 걱정이 없는 아주 편안한 상태가 되면, 자연스레 손님은 늘어나게 되어 있다. 결국, 신규 고객은 기존의 고객이 불러오는 것이라는 아주 기본적인 원리를 기억하면 모든 것이 해결된다. 바쁘면 내가 좀 더 일하면 되고, 그것은 결국 직원들에게 선행을 보여주고 그들의 사기를 높여주는 일이 되는 것이다. 지금 당장 조금이라도 마음에 걸리는 직원이 있다면 정리하고, 자신이 조금 더 일하면 매출은 무조건 늘어나게 된다.

기본에 충실하지 못하는 직원으로 인해 사장이 스트레스를 받게 되면, 분명 다른 직원에게 부정적 영향을 끼치게 된다. 인테리어 업체 대표님의 이야기를 잠시 빌려보겠다. 작업이 끝난 후 마무리 청소를 하는 A라는 직원은 매번 공구를 버려두고 오거나, 마무리를 제대로 하지 못해 시공업체로부터 매번 클레임을 받는다고 했다. 두 달 넘는 기간 동안 아무리 알려줘도 변함이 없었다. 하지만 당장 한 명이 나가게 되면 원활한 업무가 불가능한 상황이 오고 새로운 직원을 뽑아서 인수인계를 하기에는 시공이 끝날 때까지 당장 한 명의 인건비를 늘릴 수가 없는 상황이라 직원을 해고하지 못하고 있는데, B 직원에게 함께 정리를 좀 맡아서 하도록 지시했더니 그 후로는 클레임이 적어져서 그나마 다행이라고 털어놨다.

이야기가 다 끝나고 나서 나는 B 직원의 견해를 대변해주었다.

'왜 맨날 나에게만 청소를 시키는 걸까?'

'왜 맨날 나에게만 많은 업무를 시키는 걸까?'

'내가 짬이 얼만데 아직도 나에게 청소를 시키는 걸까?'

입장을 이야기하니, 대표님은 "알지만 어쩌겠나, 내가 할 수도 없고!"
라고 말했다.

나는 그 말을 듣고 침묵했다. 인테리어 업체 대표님은 A 직원 때문에
스트레스를 받고, B 직원은 원망과 불만을 품거나, 심한 경우 자괴감에
빠지게 된다. 결국, A 직원만 편하게 되는 것이다. 유능한 직원은 모든
일을 잘하는 것이 아니다. 자기에게 맡겨진 최소한의 업무와 함께, 자신
이 할 수 있는 일로 조직에 잘 융합해야 한다. 만약 지금 나의 이야기를
읽고서 떠오르는 사람이 있다면 정리하기 바란다. 당장은 업무가 조금
더딜 수 있고 늘어난 업무로 인해서 다른 직원들이 잠시 불편할 수는 있
다. 하지만 그 빈자리를 나도 함께 채우면 된다.

신규 채용공고를 올리면서 "새로 채용하는 직원은 어떤 업무를 맡으면
좋겠어?"라고 다른 직원의 의사를 묻는 정도면 충분하게 대표의 선택과
현재 상황에 대해서 다른 직원들도 인지하며 함께 극복할 것이다. 어떤
이유도 중요하지 않다. 조직 문화에 짐이 된다면 냉정하게 판단하는 것

도 대표의 몫이다. 다른 직원과 나의 무의식에 불편함을 제공한다면 다른 직원들까지도 부정적인 상황을 만들게 된다. 당장 눈앞의 업무보다는 조직을 바로잡는 것이 우선이다. A 직원을 자르고, 기본에 충실한 새로운 직원을 뽑는 것이 전체의 업무 효율에 훨씬 더 긍정적인 영향을 제공하게 될 것이다.

06

나는 이렇게 손님을 두 배로 늘렸다

매장을 운영하면서 가장 큰 고민은 손님과 매출이다. 코로나가 등장하면서 시장 상황은 더욱 악화되어 가고, 일부 발 빠른 업체들은 온라인으로 채널을 변경하여 오프라인 매장 때보다 더 높은 매출을 달성하고 있다.

하지만 사업 아이템, 프랜차이즈, 브랜드 상품 등의 다양한 이유로 온라인에서 판매나 계약이 금지되어 있어 쉽게 접근하지 못 하는 경우도 있다. 필자가 운영했던 업체는 대기업의 방침에 따라 오프라인, 기업형, 온라인, TM 채널 등 다양한 판매 루트가 있어 각자의 영역에는 침범하지 못하도록 했다.

잠깐 나의 불만을 이야기하자면, 가격이라도 같게 팔든가 하필 온라인이 더 저렴한 경우가 많다. 하루는 직원들과 RP를 진행하던 중, 여직원한 명이 장난스레 막내 직원에게 "인터넷에는 5만 원 하던데 왜 더 비싸요?"라는 질문을 던졌다. 그런데 그 질문은 정말 하루에 한 번은 듣는 아주 익숙한 질문이었다. 하지만 막내 직원은 선뜻 대답을 하지 못했다.

나는 잠깐 RP를 중단하고 여직원에게 물었다.

"인터넷에서 구매하면 사후관리는 어떻게 진행되던가요? 얼굴도 모르는 사람과 계약하고 나중에 필요해서 연락하면 그 사람은 없을 텐데요?"

나의 질문에 여직원이 받아쳤다.

"회사 믿고 구매하지, 사람 믿고 구매합니까?"

그렇다. 요즘 고객은 판매자보다 브랜드를 더욱 신뢰한다. 현장 영업을 1년 넘게 뛰지 않았던 터라, 갑작스러운 반응에 나는 적잖게 당황을 했다.

"고객님, 요즘 고객센터 전화하면 전부 대리점으로 보내는 것 알고 계시죠? 온라인 판매하면 택배로 보내고, 또다시 택배로 받으셔야 해요. 배송 기간만 3일은 잡으셔야 합니다. 그리고 단순한 A/S가 아닌 사용 방법이나 가벼운 질문을 하러 왔을 때, 저희에게 구매한 고객님께는 하나라도 더 알려주고 챙겨주고 싶지요. 본사는 본사고, 여기는 장사하는 곳 아니겠습니까?"

아마 이렇게 대답하면, 보통의 고객이라면 그냥 헛웃음을 짓거나, 크게 반론을 제기하지 못할 것이다. 그리고 사람 대 사람으로, 진심을 호소하면 그 계약은 순조롭게 흘러간다.

"고객님, 저희가 몇만 원, 다만 몇천 원이라도 비싼 것은 사실입니다. 하지만, 고객님의 소중한 돈을 저에게 투자하시는 만큼 만족할 수 있도록 최선을 다해서 서비스하도록 하겠습니다. 요즘 경기도 어려운데 도와주십시오."

나는 항상 고객들에게 일상에서 일어날 법한 이야기들로 상황극을 만든다. 그리고 고객이 직접 대답할 수 있도록 유도하며, 고객이 대답을 멈추거나, 조금 고민하는 타이밍에 진심 담은 부탁으로 마무리를 했다. 거짓말 조금 보태어 100번 중 97번은 성공한 방법이다.

RP를 마무리하고 나는 내 집무실 의자에 앉아 고민에 빠졌다. 여직원이 한 이야기는 거짓 없는 사실이었고 이대로 가다간, 오프라인 매장 영업을 할 수가 없겠다는 생각이 들었는데 단순히 고객 응대용 스크립트를 만드는 것으로 극복할 수 있는 일이 아니었기 때문이다. 아무것도 하지 못하고 하루가 다 흘러갔고 직원들은 퇴근했다. 온종일 고민한 끝에 내가 내린 결론은 앞으로 이 사업은 길어야 7년, 짧으면 5년 안에 70%가 없어질 것이라는 것이었다.

그 결론은 나를 불안하고 초조하게 만들었다. 정말 그간 해온 모든 노력이 앞으로 5년 안에 사라질 것이라고 결론을 내릴 수밖에 없는 나 자신이 너무 초라하게 느껴졌다. 몇 날 며칠을 고민했다. 그리고 각 점의 점장들을 불러 모아 긴급회의를 진행했고 다른 지역에 있는 동종 업계의 매장에 고객으로 가서 상담을 받고 시장을 파악해보기로 했다. A조와 B조로 나누어, 각각 최소한의 인원만을 남긴 채로 나름의 견학을 떠났다.

조금 거만하게 느껴질 수 있지만, 오히려 우리 회사 직원들보다 상담이나 고객 응대를 잘하지 못했다. 혼자 속으로 자부심을 느끼며 누가 가르친 아이들인데, 당연한 결과라며 기뻐했다. 하지만 내 속에 있는 문제는 해결되지 않은 채로 더욱 커져만 갔다.

'인터넷…, 온라인…, 쇼핑몰…, 인터넷…, 온라인…, 쇼핑몰….' 짜증을 불러일으키는 단어들이 계속해서 내 머릿속을 가득 채우고 있던 어느 날, 치킨과 피자를 세트 상품으로 주문했다. 업체 이름이 참 특이해서 누구나 다 알 만한 브랜드였다. 처음 먹은 나로서는 도무지 이해가 되질 않았다. 대부분 유명 브랜드는 10호 닭을 사용한다.

하지만, 딱 그냥 뚜껑을 열자마자 7~8호쯤 되어 보이는 밀가루 반, 뼈 반 치킨 한 마리, 치즈를 뿌리다 말고 도우가 말라비틀어져 빵인지 구운 밀가루인지 모를 피자가 내 눈에 들어왔고 나는 황당했다. 차라리 만 원 더 주고 치킨과 피자를 따로 시키는 것이 나았다.

나는 평소 물건을 하나 사더라도 오래 쓸 생각으로 좋고 비싼 것을 사는 성향이다. 이것저것 저렴한 제품을 사봐야 쓰레기밖에는 되지 않는다고 생각하기 때문에, 우리 매장에서 나가는 사은품, 판촉물은 내가 직접 사용해보고 고객들에게 제공했다. '무엇이든 고급스럽고 신뢰가 되는 것이 좋다'고 생각하는 나에게 이런 치킨과 피자가 장사가 왜 잘 되는지 도무지 이해하기가 힘들었는데, 내 생각을 완전하게 바꿔놓은 한마디에 '아차!' 싶었다.

"여기 이름이 진짜 특이한 것 같다. 마땅히 생각나는 메뉴가 없거나 애매할 때 생각날 듯?"

여직원의 한마디에 대기업의 브랜딩만을 믿고 의존하고 있던 내가 어리석었다고 생각했다. 그리고 그때부터 우리 매장만의 이름을 만들어 사용하기 시작했다. 사은품을 제공하는 기준은 내 생각대로 유지하면서, 전단과 페이스북, 인스타그램 등을 이용해서 매장의 위치와 제공되는 서비스 등을 고객들에게 알렸다. 신기하게도 한 달이 채 되지 않아, 방문객이 140% 정도 상승했고, 고객 다섯 명 중 두 명은 우리 매장의 이름을 말하며 맞냐고 물어보았다.

그렇게 유입된 손님들은 상담부터 계약까지 큰 어려움 없이 진행되는 것을 보며 놀라웠다. 이 책을 통해 치킨과 피자를 세트로 판매해준 프랜차이즈 영업부에 감사를 표하고 싶다.

"대체로 우리는 자신의 마음이 머무는 곳에 많은 영향을 미친다. 말하자면 우리의 뇌를 더 나은 방향으로 변화시킬 수 있는 경험을 의도적으로 늘리거나 심지어는 만들어낼 수 있다."

– 린 핸슨, 『행복 뇌 접속』

07

매출 일지보다 중요한 상담 일지

"간단함이 훌륭함의 열쇠다."

– 이소룡(1940~1973, 중국 무술인 겸 영화배우)

대부분 장사를 시작하거나 사업을 할 때 가장 우선으로 고려하는 것은 아이템, 그리고 판매 매장을 필요로 한다면 유동 인구가 많은 위치를 생각하는데, 모두 중요한 부분이긴 하다. 그러나 아무리 좋은 아이템을 갖고서 유동 인구가 많은 곳에 매장을 오픈해도 망하는 집들은 망한다. 왜 그런지에 대해서 고민해본 적이 있다면, 현재 읽고 있는 페이지는 그냥 넘겨도 좋다.

월세도 나오지 않던 매장을 인수한다고 했을 때 내 주변 사람들은 전부 나를 말렸고, 상대측에서는 하루라도 빠르게 계약을 하기 위해서 내게 매일같이 전화를 했다. 20평 남짓한 매장이지만 출입문이 좁고 세로가 길어 평수에 비교해 매장이 작아 보였고, 사람들이 이야기하기로 가난한 동네라 손님들이 지갑을 여는 것에 인색할 것이라 했다. 나는 당시에 3년간 시달리던 빚을 겨우 다 갚은 상황이라 가진 돈이 그리 넉넉하지 않았고, 은행에 연체 정보가 등록되어 대출은 꿈도 꿀 수 없는 상황이었다.

　당시의 내 심정과 생각을 솔직하게 털어놓자면, 나에게 허락된 선택지 중에서 그나마 괜찮은 매장이라고 생각했기 때문에 주변의 만류에도 나는 밀어붙였다. 그렇게 매장을 인수하고서 일주일 동안 나는 주변의 이야기가 현실이 될 것 같아서 불안한 마음으로 하루하루를 보내고 있었다. 이내 원시적인 영업 방법으로 2개월이 조금 지나자, 매출은 500% 이상 상승했다.

　주변의 걱정과는 달리, 나날이 매출은 올랐고 손님은 늘어갔다. 단지 시장성을 고려한 사람들에게는 이해가 되지 않는 상황이었고, 오픈 이래 단 한 번도 실적 꼴등을 벗어난 적 없던 매장을 단숨에 5위권 안으로 올렸다. 그리고 3개월 차에 본사에서는 나에게 시내 중심 대로변과 버스 정류장이 있는 월세 880만 원의 60평이 넘는 매장을 무상으로 임대해주어 상권과 매장을 늘릴 수 있었다.

내가 특별하거나 뛰어나서 이런 결과를 만들었다고 생각하지 않기를 바란다. 모든 비밀은 상담일지에 있기 때문이다. 모든 기업은 매출을 정리하는 장부, 프로그램 등을 사용한 시스템을 통해서 시간, 일간, 주간, 월간, 분기, 반기, 연간 실적을 확인하고 부족하거나 과열되지 않도록 조율하곤 하는데 이는 어디까지나 기업에서 사용하는 방식이다. 대개 자영업자, 신생기업 대표들을 대상으로 교육하는 강사들은 자신들이 기업에서 배우고 사용한 방식을 가르쳐준다.

체계적인 시스템은 대표들의 관점에서 굉장히 만족스럽고, 그것을 자신의 사업에 적용한다면 꿈만 같은 매출이 발생할 거라는 상상을 하며 창업을 한다. 꿈은 이루어지기 위해 존재하는 것이므로 꿈과 희망으로 긍정적인 시작을 하는 이들을 나는 응원한다. 하지만 나는 이런 부분들을 잘못된 교육방식이라고 생각한다. 하지만 어쩌겠나. 자영업자를 위한 진정한 교육은 마련되어 있지 않기 때문에 우리는 그것을 배우고 시작하는 것이다.

장사한다는 것, 사업을 한다는 것에 있어서 가장 중요한 것은 매출이며 그것과 연계되어 있는 회계와 세무가 중요하다는 것은 맞다. 하지만 대부분 이와 관련된 교육을 들으면 '새어나가는 돈을 막아라.', '매출이 오르는 구간과 내리는 구간을 분석하라.', '지출을 줄이는 것도 수익' 등등 자영업자에게 아주 그럴듯하게 허무맹랑한 이야기를 한다.

요즘은 포스기에서 알아서 다 정산을 해주고 회계나 세무는 AI 기반의 프로그램 또는 포스기와 연동되는 프로그램 중 나에게 맞는 프로그램을 찾아 사용하면 된다. 사용 방법이 어렵다면 고객센터를 통해서 10분, 20분 정도만 상담을 받으면 금방 적응할 것이다. 매출 일지를 작성하고 그 것을 관리, 분석하면 새어나가는 돈을 막을 수 있을지는 몰라도 당신에게 손님을 데려오지도 않으며 매출을 올려주지도 않는다. 차라리 그 시간에 아파트 놀이터 그네 아래 모래 바닥을 뒤져 500원짜리를 찾는 것이 훨씬 효율적일 것이다.

상담 일지에 집중하기 시작하면 분명하게 손님은 늘고 매출은 오르게 된다. 이것은 현장에서 바로 사용 가능하며 잘못된 부분을 보완하고, 잘 되는 부분은 공유하고 응용해서 더욱 발전적인 결과를 가져올 수 있다. 이 상담 일지 작성은 스무 살 시절 내가 근무하던 매장의 선배들로부터 시작되었다. 손님을 놓치면 그 상담에 관련된 내용을 모두 적어야 했고, 각기 다른 답변을 최소 10가지 이상 작성해서 제출하게 했다. 제출하고서 1시간 넘게 또 잔소리와 욕설을 들었는데, 지금 생각해보면 그때 그

악습이 엄청난 영업비법을 만들게 해준 것 같다.

장사를 시작했을 당시 함께 일하던 동생은 다양한 일을 경험했고 어린 나이에 점장, 팀장의 경력이 있었으나 영업은 처음이었다. 우렁차고 영혼 없는 인사와 졸음이 쏟아지는 자장가 같은 지루한 상담은 스스로 자괴감을 느끼게 해준 아주 좋은 경험이었다. 이내 나에게 "사장님, 저는 도저히 못 하겠어요! 판매 말고 다른 것들 신경 써서 챙길게요! 나머지 제가 뒤에서 다 처리할 테니 사장님이 판매하면 안 될까요?"라고 이야기 했다.

그렇게 한다고 해서 문제될 것은 없었다. 하지만 나는 그 동생을 나를 대신할 수 있는 수준으로 만들어야만 했다. 대체로 어린 나이였기 때문에 신입직원들에게 무시당하지 않으려면 신입 교육을 직접 해야 하고, 전반적으로 매장이 돌아가며 손님의 불만을 해소하는 방법과 판매로 이어지는 클로징, 구매하지 않을 고객도 구매로 유도하는 방법과 재방문을 유도하는 상담 방법 등 영업에 대한 전반적인 부분을 이해시켜야 2, 3, 4호점이 나왔을 때 문제없이 관리가 가능하다고 생각했다. 그래서 동생의 제안을 수락하지 않았다.

처음 시작했을 때 실적이 형편없었던 내가 실적 1위를 달성하기까지 특별한 것은 없었다. 선배들에게 제출하던 상담일지를 모두 모아서

10~60대, 남/여, 가족/커플/부모/형제 모든 유형의 고객을 분류하고 그에 맞는 대답과 질문들을 정리해서 달달 외웠다. 외워지지 않는 것들은 고객이 보이지 않는 매대 옆쪽에 붙여두었는데 입장 인사와 동시에 유형에 맞는 스크립트로 변경해두었고 대화가 끊어지면 그것을 보며 다시 손님에게 말을 걸었다. 질문에서 막히면 "고객님, 그 부분에 대해서 정확하게 안내해드릴게요! 잠시만요."라고 시간을 벌고 정리해둔 스크립트 파일을 열어서 Ctrl + F로 비슷한 단어를 검색해서 답변하곤 했다.

그런 과정이 한 달여 반복되자 스크립트가 없어도 상담은 술술 이어져 나갔다. 항상 지점에서 실적 1등을 했지만 나는 상담이 종료되면 동시에 상담 일지를 적어두었다.

단, 계약이 성사되지 못한 고객들 위주로 적었고, 내가 고객을 설득하지 못한 부분을 찾아내기 위해서 '습니다/나/까/요.'까지 바꿔가며 연습했다. 경상도 특유의 사투리로 억양이 부드럽지 못했기 때문에 녹음해서 들어보는 등의 연습도 했다.

서른한 번의 영업과 서비스업을 경험하며 내가 느낀 것 중에서 가장 신기한 것은, 상담하는 직원의 외모와 말투가 구매에 영향을 미친다는 거다. 그렇다면 예쁘고 잘생긴 직원을 뽑으면 장사가 잘되었을까? 목소리가 좋은 직원이 상담하면 매출이 높아질까? 그건 아니었다. 물론 생김새와 옷차림은 첫인상에서 긍정적인 영향을 준다. 이는 상담의 기회를 늘리고 고객이 상담에 집중, 몰입하는 것에 도움은 되겠지만 계약을 성사시키는 단계에서 큰 영향을 주지는 않았다.

"최고로 쌉니다."
"가장 저렴합니다."
"오늘만 이 가격이에요."

3가지 말은 모두 '지금 이 상품의 가격이 저렴한 것'이란 의미를 담고 있다. 하지만 누가 어떻게 사용하느냐에 따라서 영업 멘트가 될 수도 있고, 진심 어린 제안이 될 수 있는 것이다.

"다양한 선택 중, 가장 현명한 방법이에요."
"고객님의 현명한 선택을 따르겠습니다."

2가지 말은 '내가 제안한 방법이 가장 현명하다.'라는 의미를 담고 있다. 하지만 누구에게 어떻게 사용하느냐에 따라서 고객의 의사결정을 도와 즉시 계약이 성사될 수도 있고, '조금만 더 고민해보고 올게요.' 하고 보류될 수도 있다.

결국, 계약은 상담하는 사람만의 문제가 아니라, 고객과 상담사 둘의 케미가 잘 맞아야 한다. 당시 1~2개월 지켜봐야 직원들의 각각 콘셉트를 정해줄 수 있었지만, 이제는 3일 정도만 그 직원의 상담 스타일을 파악하면 어떤 유형이 알맞을지 알 수 있게 되었고 RP를 통해서 가이드를 잡아준다. 그리고 직원 스스로가 상담일지를 적음으로써 각 손님의 성향을 익혀가도록 유도했다. 대부분 2주가 넘어가면 첫 계약이 성사되는 경이로운 상황을 볼 수 있었다.

2장

-

고수는 장사보다
마케팅에
목숨 건다

마케팅 없이 매출을 논하지 말라

"마케팅은 너무나도 중요하기 때문에 마케팅 담당 부서에만 맡겨두어
서는 안 된다."
 – 데이비드 패커드(1912~1996, HP 공동 창업가)

요즘 틱톡, 인스타그램, 페이스북 등 SNS가 활성화되면서 2030 젊은
세대는 직접 마케팅을 진행하곤 한다. 금전적 여유가 있는 업체의 경우
는 마케팅 대행사에 비용을 지급하는 것을 당연하게 생각한다. 이렇게
온라인 마케팅은 개인과 기업 모두에게 필수적 요소로 자리잡고 있다.
어릴 적부터 컴퓨터를 좋아했던 나는 대개 주변 상인보다 빠르게 페이스

북, 인스타그램, 카카오 등을 이용한 마케팅으로 매출이 상승하기도 했는데 그것은 일시적인 상승일 뿐이었다.

　세계의 최대 온라인 커머스 기업 '아마존'은 1994년 인터넷 서점으로 시작했는데, 당시 제프 베이조스(1964~, 아마존 CEO)는 당시 책에 대한 유통 시장을 장악하고 있는 오프라인 서점들과의 경쟁에서 승리하기 위해 정가 대비 40% 저렴한 가격으로 판매하는 파격적인 행사로 고객을 끌어 모았다. 그러던 중 2000년 임원 회의가 열렸고 매출 28억 달러, 손실 14억 달러로 엄청난 적자를 가져온 것으로 주주들이 경영권에 대한 문제를 제기하는 자리였다. 하지만 베이조스는 아랑곳하지 않고 규모의 경제효과를 설명하기 시작했다.

　"가격을 낮추어 고객을 모아야 합니다."
　"고객이 모이면 판매자들도 많아지게 됩니다."
　"고객과 판매자가 늘어나게 되면 고정비용이 줄어들어 효율성이 높아집니다."
　"효율성이 높아지면 가격을 낮출 수 있게 됩니다."

　오프라인 서점은 급속도로 사라지게 되었고, 사람들의 인식에 '도서 구매는 인터넷 쇼핑몰 아마존에서 해야 한다.'라는 각인을 시켜주며, 그의 판단과 선택이 옳았음을 입증했다. 그리고 21년 현재 한때 시가총액 세계 1위였던 마이크로 소프트와 2, 3위를 경쟁하고 있는데, 전 세계에 금융정보를 제공하는 블룸버그는 "아마존이 침입하는 산업의 기존 업체들의 주가가 폭락하는 등 '아마존 효과'로 인해 거의 모든 산업의 기업들이 하나의 회사에 의해 전례 없는 위협을 받고 있다."라고 했다.

평소 컴퓨터에 관심이 많았고 '세이클럽', '버디버디', '싸이월드', '트위터', '페이스북' 등 우리나라에서 성공한 5대 SNS를 모두 경험했기 때문인지 큰 어려움 없이 매장의 홍보를 진행하고 있었는데, 온라인 마케팅을 정확하게 표현하자면 마케팅이 아니라 홍보 또는 광고라는 단어가 알맞은 것 같다는 것을 느끼게 되었고 결국 모든 온라인 활동을 중단하기도 했다.

보편적으로 우리는 먹음직스러운 음식, 멋진 코디, 라인이 잘 빠진 청바지, 시선을 강탈하는 파격적인 문구, 파격 세일, 1+1 행사…. 참 많은 내용을 담은 업체의 홍보가 우리 일상에 스며들었고 이제 소비자들은 대부분 그것을 '식상하다.'라고 느낀다. 하지만 대개의 소상공인들은 남들다 하는데, 나만 하지 않으면 꼭 당장 내일 가게 문을 닫을 것처럼 초조해지고 지푸라기라도 잡는 심정으로 꾸준히 광고 및 홍보 이벤트를 지속해서 진행한다.

의도하지 않거나, 하지 못한 영역까지 퍼질 수 있다는, 그것이 온라인의 장점이며 단점이다. 그저 경쟁업체가 나의 광고를 보며 푸념이나 하고 있다면 얼마나 좋을까. 하지만 모든 업체는 나와 비슷한 상황이다. 은행에 대출을 갚고, 물건 하나, 계약 하나라도 더하기 위해서 혈안이 되어 있다. 손님을 나에게 빼앗길까 싶어, 내가 이벤트를 진행하면 경쟁업체는 우리보다 하나라도 더 주는 이벤트를 SNS에서 쉽게 확인할 수 있다.

그렇게 나란히 나와 경쟁업체는 고객들에게 '별 5개' 리뷰를 얻게 되지만, 사실 소비자들의 심리는 이벤트를 원해서 접근하는 것, 그 이상도 이하도 아니다. 가까운 예로 '배달의 민족'(이하 배민) 앱에서 음식을 주문할 때 아주 자연스럽게 확인하는 것이 있다. 그것은 바로 '없으면 이상하고 수상한 리뷰 이벤트'다. 서비스로 받은 감자튀김을 받았으니 정성스럽지는 않아도 사진 한 장과 '별 5개'를 누르고 "잘 먹었습니다…. (중략) 이벤트로 받은 ○○○ 너무 맛있었어요. ^^"를 단골멘트로 남겼다.

두 번 다시는 시켜 먹고 싶지 않은 음식이었지만, 공짜 음식을 받았는데, 어찌 그런 악평을 남기겠는가? 때문에, 작년부터 처음 배달하는 음식점 이벤트에는 참여하지 않는다. 오지랖이 굉장히 넓은 나는 조금이라도 도움이 되었으면 하는 마음에 비공개 댓글로 나의 솔직한 생각과 함께 개선되기 바라는 점들을 댓글로 남긴다.

몸이 굉장히 좋지 않아 죽을 배달시켰다. 그 업체는 리뷰 글이 거의 없는 것을 보니 신규 업체인 듯했다. 뭔가 느낌이 좋지 않았지만, 휴일 아침이라 문을 연 곳이 없었고 마찬가지로 이벤트는 신청하지 않고 주문했다. 분명히 나는 한우 버섯 야채 죽을 시켰는데, 식혜 뚜껑에 '고객님을 위한 서비스~.'라는 스티커가 붙어 함께 따라왔다. 처음에 기분이 좋았지만, 죽 뚜껑을 열어 입에 넣는 순간 나는 몹시 화가 났다. 맛은 둘째 치고 고기는 찾아볼 수가 없었고, 쇠고기 다시다를 넣은 듯한 맛에 버섯과 당근은 개수를 세어볼 수 있을 정도로 적었다. 한 숟가락 먹고 몸도 아픈데 짜증이 치솟았고 끝내 마음이 상해서 그대로 버렸다. 그때 나는 내가 느낀 것을 그대로 작성했고, 업체 사장의 댓글이 아주 인상 깊었다.

"조미료는 전혀 사용하지 않습니다. 확실하게 검증된 내용으로 말씀해 주세요. 맛있게 드시라고 식혜도 함께 보내드렸는데, 기분이 조금 상하는군요. 증거사진이나 동영상을 문자로 보내주시면 확인하고 환불해드리겠습니다. 쉬는 날 집에서 편하게 배달시켜 드시고, 검증되지 않은 발언은 삼가세요."

그날 업체 사장님 집안에 아주 큰 우환이 있나 보다 생각하며 조용히 넘겼는데, 몇 주 지나고 배민에서 추천 업체로 뜨기에 리뷰를 확인해보았다. 사진은 하나도 없고 정말 10글자 이내의 무성의한 댓글로 도배되어 평균 평점은 4.5점이 넘었던 것으로 기억한다. 아무리 돈으로 다 되는 세상이라지만 영업을 이런 마인드로 한다는 것이 화가 났고, 나는 결국 먹지도 않을 죽을 한 번 더 시켜서 사장이 나에게 요청한 포토리뷰와 함께 '별 1점', "정말 최악의 죽입니다."라는 댓글을 남겼고, 끝내 사장은 내게 전화를 걸어 죽 두 개 값을 전부 환불해주겠다며 댓글을 삭제해달라고 부탁했다.

나는 "돈은 되었고, 리뷰에 남겨져 있는 모든 댓글을 삭제하시면 마지막에 저도 댓글 삭제하겠습니다."라고 답변했다. 20분 조금 지났을까, 광고를 진행했던 업체에서 계정 두 개를 찾지 못해서 삭제가 곤란하다기에, 나머지가 삭제된 것을 확인하고 나도 댓글을 삭제했다. 그리고 그 업체는 한 달여쯤 지나 확인하니 '배민'에서 찾아볼 수 없었다. 내심 궁금한 마음에, 죽집을 찾아가 보았지만, 불이 꺼진 채 문은 닫혀 있었고 결국 폐업한 것을 직감할 수 있었다.

요즘은 서비스가 없으면 이상할 만큼 다양한 이벤트들이 제공된다. 그리고 고객들은 이제 서비스 상품을 받고서 고마워하거나, 그것을 감동으로 여겨 매장을 다시 찾는 사람은 드물다. 어쩌면 가격과 서비스 경쟁 속에서 자연스레 사장님들이 만들어준 당연한 고객의 권리가 된 것이다. 한때 그렇게 유행하던 '진심 담은 손 편지' 마케팅도 이제는 잘 먹히지 않는다.

광고는 회사가 자신의 상품을 일방적으로 어필하는 것이고, 이벤트나 홍보는 시제품 또는 기존 제품의 인지도가 낮아질 즈음 경쟁사를 견제하며 자사의 상품에 대한 인지도를 유지하기 위해 기획하는 것이며 기업은 이러한 비용까지 모두 상품의 가격에 책정한다. 하지만 보편적인 시세가 형성되어 있는 자영업, 중소기업의 제품들을 홍보하기 위해서 충분한 자금이 없는 상태로 이벤트와 홍보를 진행한다는 것은 결국 자신의 상품에 대한 가치를 하락시키는 것과 같다. 애초에 그것을 세트로 기획하지 않았다면, 무리해서 서비스를 제공하지 않아야 한다.

"WHY ME?"

왜 나인가, 왜 나의 상품인가, 왜 나의 매장인가, 왜 나의 고객이 되어야 하는가?

결국, 아마존은 고객의 WHY를 저렴하고 간편함으로 마케팅해서 사람을 모으는 데 집중했고, 그에 투자된 금액은 상당한 적자를 볼 만큼 큰 규모였다. 그리고 인터넷 서점에서 전 세계 1등 온라인 커머스가 되기까지 확실한 마케팅 효과를 누린 것인데, 반대로 적자로 인해서 회사가 망했을 수도 있지만, 기업의 목숨을 걸고 밀어붙인 '제프 베이조스'가 선택한 기업의 WHY는 정확했다.

마케팅이란, 고객과 회사가 소통하는 유일한 수단이다. 업체와 상품에 대한 'WHY'를 정확하게 파악하고 그에 맞는 콘셉트와 전략을 구상해서 고객에게 'WHY'를 인지시켜야 한다. 그렇지 않으면 결국 매출이 오르는 만큼 지출도 늘어나고, 수익대비 추가 지출을 계산하면 마이너스인 경우가 대부분이다. 제대로 된 마케팅을 하지 않는다면 나의 충성 고객보다는 서비스를 요구하며 나의 곳간을 축내는 쌀벌레 고객들이 늘어나게 되어 회생 불가 상태에 다다른다. 제대로 된 마케팅만이, 제대로 된 고객과 오랫동안 소통하는 유일한 방법이다.

마케팅, 어떻게 시작해야 할까?

"할 수 있는 능력이 있는데도 불구하고 당신이 원하는 발전을 이루지 못하고 있다면, 그것은 당신의 목적이 분명하지 않기 때문이다."
– 폴 J. 마이어(1926~2009, 미국 사업가, 작가)

보통 마케팅 전문가를 이야기하면 기업에서 연봉 1억 넘게 받는 마케터 또는 카피라이터(이하 전문가)를 떠올리곤 한다. 실력 있는 전문가에게 의뢰한다는 것이 일반적인 입장으로는 어렵다. 사실 비용적 측면에서는 불가능하다고 보는 것이 옳다. 따라서 대개 프리랜서를 고용하거나 마케팅 대행사를 이용한다. 조금 지식을 가지고 있는 사람들은 직접

SNS를 운영하기도 하지만 이내 운영이 중단되거나, 좋은 결과를 얻지 못하고 억지로 운영될 뿐이다.

SNS를 보면 연예인 뺨치는 수준의 외모와 기럭지를 가지고 의류나 화장품 관련 사업을 하는 사람들이 많이 보이는데, 직접 자신의 사업체를 운영하는 사람도 있고, 광고비, 협찬 등을 통해서 자신의 계정에 업로드하는데, 대부분 엄청난 '좋아요'와 팔로워를 보유하고 있다. 만약 동종 업계의 사업을 하는 사람이 아니라면 해당 계정을 반드시 멀리하기 바란다.

기업들이 타사와의 경쟁력을 강화하기 위해서, 장단점을 분석해 그것을 보완하고 업그레이드하는 것을 벤치마킹이라 하는데, 흔히들 여기서 오류를 범한다. 그저 마케팅의 기초가 모방이라며 단순히 따라 하기만 하는 것이다. 그렇다면 마케팅 대행사와 일반인의 차이는 어느 정도일까? 개인은 몇몇 개의 계정을 따라서 하고, 대행사는 다양한 자료를 토대로 다양한 직원이 모방하는 것이다.

그렇다고 모든 마케팅 대행사가 이와 같은 모방을 하는 것은 아니다. 잠깐 짚고 넘어가자면, 마케팅 회사에는 다양한 종류가 존재한다. 광고사, 실행사, 대행사, 기획사…(중략) 참 다양한 업종이 있는데, 코에 걸면 코걸이, 귀에 걸면 귀걸이가 되는 수준이다. 나라에서 정해둔 정확한 규정이나 기준이 존재하지 않기 때문에, 당장 네이버 블로그 개설 정도의 실력만 갖추고서도 만들 수 있는 게 광고사다.

정확하게 구분하자면 광고사는 최초의 작업으로 마케팅 전체를 담당하는데 여기서 말하는 마케팅이란 단순한 광고나 홍보를 넘어서, 상품 또는 회사에 대한 가치를 고객들에게 전하고 입력하는 전략과 그것을 '각 플랫폼에 어떻게 배치하며 어떤 순서로 확장할 것인가?'에 대한 기획, 그리고 상품 또는 서비스와 직결된 경영 전략, 원칙, 철학 등을 모두 기획하고 정리하여, 홍보와 광고를 통해서 고객을 발굴하고 충성 고객으로 유입시키는 모든 과정을 진행한다.

규모가 큰 광고사는 모든 기획부터 실행을 논스톱으로 진행하지만 대부분 2~4개 정도의 실행사를 선정하고 기획안을 제공하여, 그에 맞는 비용을 제시하는 곳과 협력해 진행하는데, 아예 기획만을 진행하는 곳을 기획사라고 생각하면 된다. 그리고 대행사의 경우는 직접적인 마케팅을 진행한다기보다는 말 그대로 대행을 하는 곳이다. 대부분 영업 인원으로 구성되어, 각 플랫폼의 기능과 전문용어 정도를 외우고, 업체에 전화하거나 방문 또는 제안서를 제출해서 계약을 따내어 실행사 또는 기획사로 의뢰를 하는 것이다.

그러나 사실 광고, 기획, 실행, 대행사에 대한 구분을 명확하게 하기는 어렵다. 간판은 광고사인데, 실제로 대행사 역할을 하거나, 기획사 상호를 달고서 모든 업무를 맡아 하는 곳도 있기 때문이다. 그러나 기본적인 개념 정도는 이해해두면 나중에 마케팅 업체와 소통할 때 해당 업체가 어느 정도의 수준인지 짐작은 할 수 있지 않을까 싶어서 정리해보았다.

각 마케팅 회사의 이야기를 꺼낸 이유는 대부분 우리에게 걸려오는 전화나, 쉽게 만날 수 있는 회사는 거의 대행사라는 설명을 하려는 것이다. 따라서 전화나 메일로 뿌려지는 광고 · 홍보 전화에 혹하는 일이 없기 바란다. 모든 곳이 그렇지는 않겠지만, 나의 경험을 빌려 이야기하자면, 대행사와 계약하게 되면, 문구점에 뽑기 오락 "짱. 깸. 뽀!"의 확률로 "이겼다."를 경험할 수 있다.

이는 필자가 지방에 있는 온 · 오프라인 광고 대행사에 근무했던 경험, 광고를 진행하는 광고주로 마케팅 회사에 비용을 지급하고 마케팅 대행을 받은 경험을 토대로 자신 있게 이야기하는 것이다. 당시에 필자는 네이버 블로그와 페이스북에 글을 올리는 수준의 지식이 있었고, 그저 꾸준하게 올리면 '상위 노출된다.'라는 아주 오래전의 지식을 가지고 있었다.

3호점을 오픈하고 네이버 플레이스에 업체 등록을 하니, 영업 전화가 미친 듯이 쏟아졌다. 한 나흘 정도는 업무에 방해가 될 만큼 전화가 많이 걸려왔는데, 목소리만 예쁜 담당자에게 홀려 전화 두 통에 3개월간 월 400만 원, 총 1,200만 원의 광고를 집행하기로 했다.(미리 말하자면 마음씨는 안 예뻤다.) 마케팅 내용은 지역 키워드 5가지를 네이버 블로그 상위 노출 보장, 100만 팔로워 페이스북 페이지에 홍보를 진행하는 조건이었다. 부가세까지 붙여 1,320만 원을 12개월로 결제했다. 무려 카드 3장을 나누어서!

광고를 준비하는 기간이 약 일주일 정도 소요되었고, 이내 광고가 시작되었다. 당시 나는 들뜨고 설레는 마음, 그리고 실적이 올라 기뻐할 직원들을 생각하니 그저 행복했다. 당시 좋지 않은 일로 회사 분위기가 조금 다운되어 있는 터라 직원들의 사기를 올려주고 싶었다. 실적이 오르면 기뻐하겠지만 만약 광고의 결과가 좋지 않다면 오히려 더 분위기가 나빠질 것 같은 생각에 광고에 관한 이야기는 꺼내지 않았다.

'결과가 좋지 않다면 어쩌나…' 했던 나의 부정적인 생각 탓일까? 예상과는 다르게 악성 댓글이 달리기 시작했다. "광고 ㅈㄴ하네.", "이것도 광고라고 올리는 건가?", "매크로라면 칭찬해주마." 나는 당장 전화해서 광고를 내리라고 이야기했고 환불을 요청했지만 전화로 녹취된 계약으로 인해 활동비, 진행비, 제휴업체 수수료 등의 항목으로 위약금을 청구했고, 다 제하고 나니 내가 돌려받은 금액은 600만 원이 채 되지 않았다.

그리고 한창 동영상 광고가 유행하기 시작했고 이번에는 당하지 않겠노라 다짐하며 여기저기 검색을 해서 나름 만족스러운 업체를 찾아서 계약했다. 비용은 영상 촬영팀 출장비, 장비 대여료 등 150만 원, 영상 편집 비용 80만 원을 포함해서 230만 원으로 진행하기로 했다. 인스타그램과 페이스북, 카페 침투 작업을 통해 '바이럴 마케팅 패키지'라는 상품에 대한 초기 세팅 비용으로 300만 원, 이후 월 광고 집행 예산 150만 원, 대행 수수료 30만 원으로 카페 침투 작업은 서비스를 받는 것으로 첫 결제 비용 560만 원, 이후 광고 집행 예산은 내 카드에서 자동 결제가 되고 대행 수수료는 매달 초에 입금해주면 된다고 했다.

처음에 2개월만 맛보기로 진행하려고 했지만, 뭔가 광고 집행 예산을 내 카드로 결제해도 된다는 부분에서 신뢰감을 느끼고 계약 기간에 따른 할인을 문의하자, 6개월에 150만 원이라고 했다. 한 달이 서비스로 제공되는 것이라 바로 진행하자고 했고 모두 합쳐 781만 원을 결제했다. 그러나 결과는 마찬가지였고, 해당 업체는 계약을 취소하자 연락이 두절되었다. 당시 JCI(Junior Chamber International, 국제청년회의소) 선배 변호사에게 자문했으나, 업체에 청구할 수 있는 금액은 남은 대행 기간만큼의 비용이고, 사실상 소송하는 자체가 에너지 소비라 판단하고 그냥 불쌍한 청년들에게 기부했다고 생각하기로 했다.

또 한번은 국내 최대 규모의 커피 브랜드 마케팅팀에 근무하던 친구의 소개로 블로그 광고를 소개받게 되었다. 키워드 1개월간 상위 노출 보장 조건으로 1개월당 120만 원, 검색량이 높은 키워드는 300만 원을 이야기 했다. 목소리만 예쁜 직원이 떠올랐고, 당장 진행하는 것이 조금 찜찜해서 우선은 카페와 커뮤니티 침투부터 진행하는 것으로 했다.

"이쯤 하면 책을 읽고 계신 독자분이 충분하게 결과를 예상하리라 생각하고 생략하겠다."

내가 진행했던 모든 광고를 지금 내가 직접 진행한다면 1년간 1천만 원이면 충분할 것이다. 그리고 내가 마케팅을 직접 배우고 진행하자 실제 광고비로 1,000만 원이 채 나가지 않았고 평균 수익은 약 300% 정도 상승했는데, 내 자랑을 하고자 하는 것이 아니라 광고를 진행하기 전에 반드시 마케팅 공부를 해야만 한다는 것을 알려주고 싶어서이다. 시간이 허락한다면 늦더라도 천천히 모든 영역의 기본만 알아도 충분하다. 시간은 없지만 예산이 넉넉하다면 본인이 생각하는 광고비용 딱 1년 치를 교육비에 사용하자. 당신의 마케팅 지식은 분명 100배 이상의 가치를 제공할 것이다.

마케팅과는 조금 다른 이야기겠지만, 배움에 대한 의미를 독자들에게 알려주고 싶어 나의 사적 이야기를 조금 하려고 한다. 그리고 그 선택은 지금 이 책을 있게 만들어주었고 독자분들과 필자를 책으로 만날 수 있게 해주었던 아주 소중한 선택이었는데, 어느 날 필자의 어머니께서 유튜브 링크를 보내주셨다. 채널 이름이 〈김도사TV〉였는데 우주의 법칙, 끌어당김의 법칙이라는 이야기를 하고 있었다. 책을 읽으며 내가 말하는 그 법칙들이 나에게 얼마나 큰 깨달음과 변화를 주었는지 알겠지만, 말로 표현하지 못했던 것들을 너무나 현실적으로 풀이해주는 채널이었다.

관심을 가지고 카페에 가입했는데 카페 이름이 내가 본 영상과는 조금 다른 소재를 다루고 있었다. 〈한국책쓰기1인창업코칭협회〉(이하 한책협) 그곳에는 책을 써서 인생을 바꾼 사람들의 이야기가 너무 많았다. 그리고 이내 다시 유튜브 채널을 보니 책을 써서 의식을 변화시키고 책으로 인생을 바꾸는 이야기들이 많았는데, 무엇에게 홀렸는지 나는 이틀 동안 서재에 박혀 영상과 카페 자료를 보는 데만 집중했다. 그리고 이틀 만에 한책협의 대표 김태광 작가의 특강을 신청해 들었고 특강 수강과 동시에 책을 쓰겠다는 다짐을 한 것인데, 만약 당시의 내가 배우려고 하지 않았다면 평생 장사꾼으로 살았을 수도 있다. 지금처럼 나의 지식을 책으로 만들어 '작가', '강사', '마케팅 컨설턴트'라는 새로운 직업을 가질 수도 없었을 것이다.

결국, 성공한 사람의 시간을 사는 것이 진정한 배움이다. 흔하게 우리가 배울 수 있는 배움은 그저 나보다 조금 뛰어난 사람의 지식을 보고 따라 하는 것 이상도 이하도 될 수가 없었다. 수천만 원의 광고비를 날려먹으며 배우지 않았다면, 지금의 내가 있을 수 없었을 것이다. 그때의 경험, 김태광 작가를 알게 된 것은 내 인생에서 가장 큰 변환점이 되어주었다. 부디 여러분도 무작정 배움을 택하기보다 상대가 파는 것이 지식인지 시간인지를 잘 구분하기 바란다. 어정쩡한 사람의 지식을 배우는 것은 그저 헛된 시간과 돈을 버리는 것과 같다. 제대로 된 멘토를 만나, 시간을 사기 바란다.

"당신은 무엇이든 원하는 대로 되고, 하고, 얻을 수 있다."
– 조 바이테일(형이상학자, 마케팅 전문가, 저술가)

소상공인, 성공하는 마케팅은 따로 있다

"제아무리 독창적이고, 제아무리 기발하고, 제아무리 많은 예산을 들인다 한들, 실효를 거두지 못할 게 자명한 마케팅 프로그램에 너무나도 많은 돈이 낭비되고 있다."

― 알 리스, 잭 트라우트, 『마케팅 불변의 법칙』

블로그 하면 가장 먼저 생각나는 것이, 상위 1~5위 안에 노출되는 것이고, 페이스북과 인스타그램을 생각하면 최소 10만 이상의 팔로워를 보유한 인플루언서급 계정을 생각하게 되는데, 그 이유는 '얼마나 많은 사람에게 노출되는가?'에 대한 기준으로 판단하기 때문이다. 다시 말하지만 홍보 및 광고는 마케팅 일부지, 마케팅이 아니라는 것을 분명히 기억해야 한다.

"상품 또는 서비스와 직결된 경영 전략, 원칙, 철학 등을 모두 기획하고 정리하여, 홍보와 광고를 통해서 고객을 발굴하고 충성 고객으로 유입시키는 모든 과정"

나는 위의 내용을 가리켜 마케팅이라고 했는데, 그렇다면 자영업자가 그것도 혼자서 어떻게 저것을 해야 한단 말인가! 우리가 할 수 있는 마케팅은 단순하게 생각할수록 쉬워진다.

상권이 시작되는 지점과 끝나는 지점은 유동이 아주 많지만, 계약으로 이어지는 경우가 극히 드물다. 고객들이 쇼핑하거나 상담을 받을 때 대부분 서너 곳 정도를 돌아보면 거기서 거기라고 생각해 마지막 방문한 곳에서 구매하기 때문이다.

대부분 주차장은 땅값이 비교적 저렴한 상권 외곽, 즉 시작 또는 끝점에 있고, 대중교통을 이용해도 상권의 안쪽에서 내리는 경우는 드물다. 대부분이 외곽에서 하차하고 안으로 걸어 들어오기 때문에 가장 먼저 들어오는 매장이 상권의 시작과 끝 지점이다.

영화관이나 대형 쇼핑몰들이 외곽에 위치하여 브랜딩 효과를 함께 누리고, 비교적 월세가 저렴한 시내 안쪽을 개인 소상공인들이 차지하여 시장을 형성하곤 한다. 업종에 따라서 차이가 있겠지만, 나는 매장의 위치를 선정할 때 상권의 시작과 끝 지점은 피하는 편이다. 그 이유는 다양하지만, 대표적인 2가지만 설명하겠다.

"첫째, 직원들의 에너지 소비가 심하다."

― 내방은 정말 많지만, 그에 반해서 계약 성사율은 다른 매장에 비해서 낮다.

"둘째, 대체로 상권 외곽은 월세가 비싸다."

― 큰 차이가 없더라도, 매출 대비 월세를 계산하면 비효율적임을 알 수 있다.

하지만, 사업을 하면서 뭐든 내 마음대로 진행된다면 좋겠지만 나의 경우는 변수가 존재했다. 매장 오픈에 맞추어 신입직원을 모두 뽑아두었으나, 전 세입자가 2개월만 시간을 더 달라는 요청에 계약 조건이 변경되었다.

게다가 현재 가지고 있는 매장에서 모든 인원이 근무하기에는 회사 입장에서 볼 때 부가적인 요소에서 손해 보는 부분이 많았다. 직원 개인의 실적이나 인센티브 등을 고려했을 때 2개월을 버틴다는 것이 무리였다.

어쩔 수 없이 나는 또 최악의 매장을 인수했다. 나의 1호점이 꼴등을 탈출하면서 그 매장이 자연스레 꼴등이 되었고 나는 또 무리한 계약을 진행했는데, 그때를 떠올리면 끔찍한 사건이 또 하나 있다. 당시, 신규 매장 오픈이 늦어진다는 것에 직원들이 불안해했다. 나는 하루빨리 신규 매장을 오픈하기 위해서 계약을 재촉하기 시작했고 끝내 최악의 매장을 인수했지만, 그간의 마음이 떠나버린 직원 두 명은 결국 오픈 2주가 채 되지 않아 퇴사했다.

참 난감한 상황이었다. 신규 매장을 오픈하면 3팀장이 점장으로 이동하면서 함께 근무할 두 명이 나가버렸으니, 졸지에 직원 두 명에 관리자가 두 명이 된 것이다. 부랴부랴 직원을 뽑기 위해서 수소문했지만, 3팀장의 경력과 나이를 고려했을 때 적합한 직원을 찾기가 힘들었다.

내가 사업을 하기 전에 점장으로 근무하던 회사에서 내 위에 있던 선배가 요즘 벌이가 힘들다고 하기에 함께 일하자며 손을 내밀었고, 결국 그 최악의 매장은 직원 두 명을 데리고 선배가 점장으로 근무하고, 신입 직원 한 명을 더 채용해서 3팀장과 내가 신규 매장으로 이동하기로 했다.

그렇게 한 달이라는 시간을 허무하게 보내고 2개월이라는 시간은 금방 흘러갔다. 총 여섯 명이서 근무를 했기 때문에 실적은 그리 나쁘지 않았지만, 사실 2개월간 인건비와 식비 그리고 늘어난 매출만큼의 세금을 계산하면 약 1천만 원을 손해 본 상황이었고 인원이 적절히 배치되면 곧 수익으로 전환되리라 생각했다.

하지만 생각처럼 흘러가지 않았다. 선배는 경력으로 따지면 나와 4년이 차이가 났고 실근무 경력은 8년 정도가 차이가 났다. 그런 선배의 의견에 따라 여러 판촉물을 지원했으나, 매출은 점점 내림세를 보였고 끝내 적자를 보기 시작했다. 시작부터 적지 않은 금액을 손해 본 상태였고, 신규 매장을 단기간에 두 곳이나 오픈하는 바람에 집기류와 같은 부가적인 지출이 컸다. 거기다 부가세 납부가 코앞이라, 더는 버틸 재간이 없었다. 선배에게 조심스레 이야기했고 끝내 퇴사하는 것으로 결정하고, 3팀장이 다시 점장을 맡고 내가 최악의 매장으로 다시 이동했다.

내가 그 매장에서 근무를 해보니 선배가 왜 적자를 볼 수밖에 없었는지 이해가 되었고, 그 답답한 마음이 이내 공감이 되었다. 2주 정도 지나고 나는 미안한 마음에 전화를 걸었고 선배는 나의 입장을 충분히 이해한다는 듯이 괜찮다며 응원의 이야기로 나를 달래주었는데, 그날의 그 미안함과 고마움은 살면서 잊지 못할 것 같다. 함께 일하던 시절 항상 나의 편이었고 든든한 선배였기 때문에….

어쨌든 나는 당장 그 매장을 살려야만 했다. 아무리 생각해도 돌파구가 나오질 않았다. 호객하기에는 고객들의 수준이 높은 상권이라, 오히려 역효과가 날 것으로 생각했다. 그래서 내가 꺼내 든 것은 배너였다. 아주 큰 깃대에 현수막을 걸어 세우는 배너! 약 3미터 높이의 자이언트 배너를 주문했고, 내용에는 "마지막에 방문하는 집", "시내 온 지 20분 안 된 손님 안 받음"이라고 출력해서 배너를 걸었다.

그러자 신기하게도, 들어오는 손님마다 계약이 성사되었다. 실제로 다 알아보고 마지막에 오는 손님이 50% 정도 되었고, 배너 문구가 재치 있어서 들어왔다는 손님, '알아보고 와도 여기가 저렴하다는 것 아니냐? 귀찮게 왜 돌아보냐'며 자신감에 감동한 손님 등이었다. 그렇게 매장 오픈 5개월 만에 흑자로 전환되었고, 7개월 차 상권 2위까지 달성했다.

"새로운 제품을 출시할 때 가장 먼저 자문해보아야 할 질문은 '이 신제품은 경쟁사의 제품보다 어떤 점이 더 좋은가?'가 아니라 '어떤 점에서 최초인가?'가 되어야 한다. 이는 다시 '이 신제품이 최초가 될 수 있는 영역은 무엇인가?'로 바꿔 말할 수 있다."
– 알 리스, 잭 트라우트, 『마케팅 불변의 법칙』

아마 내가 마케팅다운 마케팅을 한 최초의 사례가 최악의 매장을 '마지막에 오는 집'으로 바꾼 것이 아닐까 생각한다. 이처럼 마케팅은 꼭 많은 곳에 노출되거나, 저렴하게 판매하는 것이 중요한 것이 아니다.

가을이 올 때쯤 모든 매장에서 팝콘을 튀겨 고객들에게 나눠주었다. 추천 상품을 전단으로 만들어서, 팝콘 봉투를 봉인하며 전단과 함께 스테이플러를 찍어서 나눠주었다. 팝콘은 굉장히 저렴하면서 고효율적인 판촉 아이템이었다. 오일과 소금 그리고 옥수수 알맹이 한 세트를 구매하면 하루 3시간을 나눠주어도 일주일은 거뜬했다.

그러나 이내 겨울이 왔고, 추운 날씨 탓에 직원들은 매장 외부에서 활동하는 것을 힘들어했다. 결국, 행사 활동을 중단했다. 어느 날 대기 손님이 줄을 섰기에, 오랜만에 상담을 진행하고 있었는데 고객이 내게 질문을 던졌다.

"팝콘 맛있던데~ 사실 저번 달에 바빠서 점심도 못 먹고 무척 허기져 있었는데, 팝콘 받고 어찌나 좋았는지요. 양은 얼마 없었지만, 그때 정말 감사한 마음에 매번 집 앞에 있는 매장에 가다가, 여기로 왔어요. 요즘은 안 하시나 봐요?"

이 질문은 나에게 참 많은 갈등을 가져왔다. 무리해서 활동을 진행하기에는 직원들에게 미안했고, 그렇다고 만족스러운 후기를 듣게 해준 활동을 이대로 멈출 것인가? 결국 해당 질문에 대한 비슷한 내용을 들은 적 있는지 물었고, 이내 전 직원이 '들은 적 있다.'라고 답했다. 결국 팝콘 행사는 다시 시작되었지만 2주도 채 운영하지 못하고 다시 중단되었고, 그 행사로 인해 직원 한 명이 퇴사했다.

그때 나는 성공적인 마케팅은 '지속 가능한가, 아닌가?'에 따라 구분되고 효율과 고객의 입장만 신경 쓸 것이 아니라, 회사 입장으로 여러 가지 여건을 고려해서 수용 가능한 범위 안에서 운용되어야 한다는 것을 깨달았다.

이번 달 마케팅 비용을 분석하라

"앞서가는 방법의 비밀은 시작하는 것이다. 시작하는 방법의 비밀은
복잡하고 과중한 작업을, 다룰 수 있는 작은 업무로 나누어, 그 첫 번째
업무부터 시작하는 것이다."

– 마크 트웨인(1835~1910, 미국 소설가)

이번 목차에서는 아주 중요한 내용을 담았으니, 한 글자도 빼먹지 말
고 머릿속에 저장해야 한다. 이는 필자의 경험은 물론이고, 직접 운영하
건, 대행을 맡기건 필수적으로 고려해야 하는 부분을 담았기 때문이다.
어렵고 이해가 되지 않는다면 다음 장으로 넘어가되, 반드시 페이지를

접어두고 책을 완독한 후에 다시 펼쳐보기를 바란다. 이번 장만 완벽하게 이해한다면 마케팅의 비용 절약은 물론이고 효율 상승까지 두 배 이상의 결과를 얻게 될 것이다.

"Return on Investment [ROI] – 투자 자본 대비 수익률"

말 그대로 투자된 전체 자본에 대비한 수익률을 계산하는 가장 기초적인 지표로써, 운용 기간에 사용된 비용으로 인한 수익을 백분율로 계산하여 나온 값을 수치화한다. 전체 자본을 다루며 '수익'에 대해서 평가하기 때문에 중요한 지표로 활용된다.

"Return on Ad Spend [ROAS] – 광고비용 지출대비 매출액"

ROAS는 광고에 사용된 비용으로 결괏값을 산출해 세부적인 비용을 계산하고 '매출'을 평가하는 것이다. 그 효율에 따라서 광고 플랫폼을 확장하거나 축소하는 등 상황에 맞는 전략을 만들기 위한 지표로 활용된다.

위의 공식을 정확하게 이해한다면, 적어도 마케팅 예산에 대해서 고민하는 일은 없어야 한다. 가끔 강의나 컨설팅을 하다 보면 가장 많이 듣는 질문이 "마케팅 비용은 얼마 정도 편성해야 할까요?"이다. 정말 단 한 사람도 빼놓지 않고, "하나, 둘, 셋!" 마음속으로 세면 나에게 한 치의 오차 없이 똑같은 질문을 던진다. 하지만 [ROI] 와 [ROAS]에 대한 강의나 교육을 진행하면 언제 그랬냐는 듯, 질문이 바뀌게 된다.

"대표님, 월에 150만 원 정도 예산을 편성하면 어떤 식으로 진행해야 할까요?"

질문의 레벨이 달라진 것을 느끼겠는가? 하지만 위의 질문도 썩 바람직하지 못하다. 그것은 마케팅의 존재 이유에 대해서 정확하게 인지하지 못했기 때문이다. 위 설명을 '현실판'으로 다시 설명하자면, ROAS는 "될지, 안될지 모르겠고, 일단 시작하는 겁니다. 광고에 정답은 없으니까요."라고 설명할 수 있다. 만약 나와 같은 업종에서 성공한 광고를 그대로 카피해도 나는 실패할 수 있는 것이 광고이며 마케팅이다.

실제로 『마케팅 불변의 법칙』에서 버거킹과 맥도날드의 마케팅 사례가 소개되는데, 요약하자면 패스트푸드의 가장 중요한 인식은 '빠르다.'였다. 이미 그것을 맥도날드가 마케팅에 사용해 선점하고 있었지만 버거킹은 '빠른 세상을 위한 최고의 음식'의 캠페인을 마케팅에 적용했다. 그 결과는 어떻게 나타났을까? 물론 '당연히', '분명하게', '어쩔 수 없이', '무조건' 예정된 결과였고 실패로 끝났다. 버거킹은 1953년, 맥도날드는 1955년에 출범했다. 그러나 미국을 대표하는 패스트푸드 가맹점은 '맥도날드'이다.

이후 버거킹은 마케팅 회사를 변경했고, 마케팅의 본질을 정확하게 이용하기 시작했는데, 그 목표는 '바이럴 마케팅'에 있었다. 이미 빠르다는 인식에서 패배를 맛본 버거킹은 마땅하게 '빠르다.'와 같은 슬로건을 내세울 수가 없었기 때문이다. 이후 두 회사는 마케팅 전쟁을 시작했다. 맥도날드는 미국에서 가장 많은 매장 수를 보유하고 있다. 이것을 표지판으로 만들어, 고객이 가는 모든 길에, 매장이 있음을 어필하면서 은근슬쩍 버거킹 매장의 거리와 자신들의 매장 거리를 비교하는 광고가 포함되도록 했다.

이내 버거킹은 맥도날드의 광고를 이용해서 자신들의 와퍼를 먹기 위해서 떠나는 여행에 맥도날드의 맥 모닝을 먹는 장면을 연출하며 '버거킹' 광고에서 '맥도날드' 로고와 표지판이 등장하는 맥도날드 광고인 듯 아닌 듯 아니었던 '버거킹'의 광고를 만들어 송출한 것이다. 이것을 시작으로 버거킹은 맥도날드의 광고를 역이용하는 마케팅 사례를 자주 보여주었는데, 필자가 가장 기억에 남았던 것은 '버거킹의 와퍼' 광고 속에 배경으로 등장하는 햄버거가 '맥도날드의 빅맥'이었다는 것이다.

그 결과 소비자들에게 웃음과 함께 브랜드 마케팅을 성공적으로 이끌었고, 버거킹이 의도한 '맥도날드의 빅맥은 와퍼보다 작다.'라는 인식을 성공적으로 심어주었다. 영상의 마지막에 "2019년 한 해, 와퍼의 뒤를 봐주어 고맙다."라는 문구로 마무리되는 광고는 정말 인상적이었다. 이후부터 소비자들의 반응은 극과 극으로 나뉘었지만 버거킹만의 '충성 고객 만들기' 전략은 확실하게 성공한 것이다.

그리고 스마트폰의 시대가 등장하며 발 빠르게 온라인 마케팅이 이루어지고 있는데, 버거킹은 또 한 번의 혁신적인 마케팅을 만들어내었다. 버거킹의 모바일 앱을 광고하기 위해서 앱을 설치한 후 맥도날드 매장의 근처에서 앱을 실행하면 '와퍼를 1센트'에 먹을 수 있는 쿠폰을 제공하는 것이었다. 이에 그치지 않고 버거킹은 더욱 공격적으로 온라인 마케팅을 시도하며 앱을 켠 상태로 타사의 전단, 쿠폰, 광고 등을 비추면 화염이 일어 광고가 타는 모습을 보여주었다.

이 재미난 기능이 종료되면 이내 와퍼를 무료로 먹을 수 있는 쿠폰을 제공하는 영상은 10억 노출에 성공하며 굉장한 효과를 거두었다.

하나의 회사에서 성공과 실패의 사례를 모두 경험할 수 있었다. 즉 버거킹은 초기 맥도날드를 견제하기 위한 '빠른 세상을 위한 최고의 음식'

의 캠페인을 펼쳤고 그 결과 마케팅은 참담하게 실패했다. 이후 경쟁사를 이용한 재미난 캠페인이 소비자에게 잘 먹힌다는 것을 경험하며, 단지 음식점에 그치지 않고 '개구쟁이' 브랜드로 정확하게 자리잡으면서 전투적인 투자를 통해 실패하지 않는 마케팅을 만들어냈다. 수많은 패스트푸드 기업들이 파산하였지만 무너지지 않고 생존한 것이다.

버거킹은 분명 처음부터 이런 마케팅을 구사하지 않았다. 1등이 사용하며, 모두가 인식하고 있는 'Fast'를 가지고서 다양한 캠페인을 진행했지만 모두 실패한 것이다. 이때 버거킹이 [ROI]를 분석해 'Fast'를 포기하지 않았다면, 아마 지금 우리는 '와퍼'를 맛보지 못할 것이다.

이렇듯 마케팅은 실패와 성공을 모두 경험해야 한다. 즉, 초기 마케팅의 예산은 최대한 분산시켜서 자신에게 맞는 카테고리를 찾아야만 한다. '맥도날드'가 선택한 'Fast'는 즉각적인 반응을 불러일으키기 위해서 고객의 즉각 행동을 통해 매출로 직결될 수 있는 '퍼포먼스 마케팅'을 선택했지만, '버거킹'이 성공한 '개구쟁이'는 소비자에게 재미를 제공하며 자연스레 퍼지는 방식으로 '바이럴 마케팅'을 선택한 것이다.

필자가 전하고 싶은 이야기는, 마케팅에 있어서 비용을 먼저 계산하는 것은 '월 150만 원이면 충분히 마케팅 실패하겠지요?'라고 질문하는 것이다. 무조건 이기는 마케팅을 하기 위해서는 다양한 경험을 통해서, 자사의 브랜드에 반응하는 마케팅을 찾아내야 한다. 그러기 위해서는 마케팅 비용을 분석하며 다양하게 도전하고 시도하는 것이 옳다. 결국, 비용을 분석하는 것은 성공할 확률이 높은 마케팅을 찾아내는 절대적인 공식이며, 혹시나 마케팅을 통해 전환점을 만들기 위한 높은 자본을 투자하는 것은 효율적인 마케팅을 선정한 후에 진행하는 것이 바람직하다. 열정에 넘쳐, "하나만 걸려라." 하는 심정으로 무작정 마케팅에 투자한다는 것은 길바닥에 돈을 버리는 행위와 같다.

"우리 소상공인, 중소기업들은 마케팅의 달콤한 유혹을 더욱 조심해야 한다."

초기 자본을 무리하게 편성해서는 안 된다. 필자는 매출이 무너져도 6개월 정도 버틸 수 있는 자금이 준비되어 있다면, '매출'의 30%를 투자하는 것으로 생각했고, 자금의 흐름이 좋지 않을 때는 '수익'의 30%를 투자했다. 그리고 적자가 나는 달에는 3개월 평균 '수익'의 10%로 변경했다.

결국, 나에게 맞는 마케팅을 완성하기 위해서는 우선 최대한 지속운용 가능한 시드머니를 편성하고 변경하면서 [ROI] 값을 분석하여 전달 대비 당월의 손익 관계를 계산한다. 그리고 나서 광고에 사용될 비용을 재편성하고, 소비자에게 노출되기 위해 광고에 사용하는 비용을 [ROAS] 값을 통해 분석하며 매출을 토대로 반응이 없거나, 적은 광고를 제외하며 결과가 괜찮은 쪽에 조금씩 더 투자하는 것이다. 마케팅 비용을 예상한 다는 것은 애당초 잘못된 접근 방식이다. 나에게 맞는 예산을 편성해서, 최고의 효율을 만들어내는 것이 올바른 방법임을 잊지 않아야 한다. 그 러기 위해서는 마케팅 비용을 예상하는 것이 아니라 분석해야 한다.

돈 주고도 못 배우는 모객의 기술

"이 세상에는 위대한 진실이 하나 있어. 무언가를 온 마음을 다해 원한다면, 반드시 그렇게 된다는 거야. 무언가를 바라는 마음은 곧 우주의 마음으로부터 비롯되었기 때문이지. 그리고 그것을 실현하는 게 이 땅에서 자네가 맡은 임무라네."

– 파울로 코엘료, 『연금술사』

공군에서 부사관으로 근무하던 시절에 읽었던 책이 있는데, 만약 아직 읽어보지 못했다면 꼭 읽어보길 추천한다. 바로 파울로 코엘료의 『연금술사』이다.

나는 『연금술사』를 읽으면서 입대 전 나의 파란만장했던 영업사원 시절을 생각했다.

(책이 영업에 관한 내용은 아님) 왜 아무것도 모르던 내가 승규 형의 가르침만으로 지점 1등을 하고, 매장에는 어떠한 변화도 없었는데 손님의 방문이 늘었는지에 대해서 설명하라고 하면 그저 "팀장님이 알려준 방법대로 했어요."라는 말 이외에는 설명할 수 없었던 그때를 이해하는 데 도움이 되었던 책이다.

사실, 앞에서 이야기한 승규 형이 알려준 4가지 방법만으로 손님을 끌어올 수 있고, 영업의 성공률을 올릴 수 있다면 얼마나 좋을까? 그렇다면 여태 나와 함께 일해온 모든 직원은 영업의 달인이 되고 연봉 1억은 거뜬해야 하지만, 현실은 그렇지 않았다. 언젠가 바보 같은 시절에 나는 내가 타고난 영업인이라 생각했고, 자신감 넘어 자만으로 뒤덮였던 시절도 있다.

앞에서 말했던 승규 형의 4가지 방법을 『연금술사』를 읽은 후 다시 해석해보면 신기하고 신비한 결과를 마주하게 된다. 그리고 이것이 내 인생 전체를 바꾸어놓은 엄청난 사건이었음을 깨닫게 되었다. 문득 연락이 닿지 않는 승규 형이 그리워졌다.

1. 모든 손님에게 맞추려 하지 말고, 나에게 맞는 손님을 빠르게 컨택하라.

- 나에게 맞는 손님은 어떤 사람인가에 대해 생각했다. 내 기준에서 깐깐하거나 까다로워 보이는 고객이 아니라 왠지 내 말을 잘 들어줄 것 같은 손님에게 접근하는 것이다. 이걸 조금 더 깊게 파고들자면 성공 가능한 예상과 상상만을 함으로써 내 무의식을 긍정으로 물들게 한 것이다. 결국은 어려운 고객을 생각하며 '이러면 어쩌나, 저러면 어쩌나?' 하는 부정적인 생각을 머릿속에서 비워내고, '저 손님은 이 멘트가 좋겠어, 이 손님은 이런 접근방법이 부담 없겠다.'와 같은 생각으로 출근부터 퇴근까지 무조건 긍정적인 생각만 한 것이다.

2. 상품의 정보를 외울 시간에, 다양한 상황과 질문을 'Role Playing(이하 RP)' 하라.

- 다양한 상황에 대한 질문을 작성한다는 것은, 고객의 반론과 부정적인 생각을 판매하는 나의 입장에 유리하도록 유도하고, 고객의 편견이나 불만을 만족으로 바꿔줄 방법을 연구하고 멘트를 생각하는 것인데 이 과정에서 내가 목표하는 것은 오롯이 '계약서 서명'이다. 끝내 긍정적인 결과를 생각해야 하는 이 과정에서 나의 정신은 절대 긍정으로 물들었고 그것이 결국 무한한 자신감을 만들어낸 것이다.

3. 1시간에 10분만 자리에 앉아라.

- 10분만 자리에 앉으란 말은 휴식 시간을 의미했다. 우리가 생각하는 휴식은 말 그대로 몸과 마음 그리고 정신이 모두 편안하고, 아무런 근심 걱정이 없는 상태에서 이루어지는 것이다. 아무리 영업인이라도, 손님이 없는 시간에는 지루함을 느낀다. 열심히 영업하는 사람은 그런 시간에 전화를 돌려 영업하기도 하는데, 대개 점심시간이 지난 오후 시간에 사람들은 전화를 받으면 귀찮아했다. 그래서 몇 통 하다가 "에라잇~!" 하고 그만두기도 하는데 그럼 매장 내부는 아주 고요한 정적이 흐르고, 매장 밖 스피커에서 '머리부터 발끝까지 Hot Issue ho! ♪ 내 모든 것 하나 하나 Hot Issue ♫~'라는 포미닛 〈Hot Issue〉의 노랫말이 들려온다.

그래서 아무 의미 없는 시간에 매장에 앉아 있으면 빠르게 퇴근하고 싶고 1분이라도 사무실을 벗어나서 자유롭게 혼자만의 시간을 갖거나 친구와 가족들을 만나고 싶어 했는데, 이럴 때 나오는 말들은 모두 "손님이 왜 없어~, 오늘 일찍 문 닫고 집에 갈까?"였고, 휴식 시간을 줄이고 스크립트를 작성하던 나는 "손님아, 제발 좀 빨리 와라. 연습 좀 해보자."로 바꾸었다. 다른 직원들이 장난스레 던진 말과 내가 습관처럼 달고 살던 말은 모두 현실로 돌아왔다.

그 시간대 길거리의 사람이 늘어나지는 않았지만, 신기하게도 기존 고객들이 내게 전화를 걸어 손님을 소개해주거나, '은행 갈 시간에 잠시 방문해서 신분증을 맡겨둘 테니 20~30분 안에 계약을 완료할 수 있냐?', '거래처 수금하러 가는데 잠시 들러 상담 받을 수 있냐?', '회사가 바로 근처라 잠시 들러 상담 받고 싶다.' 등 내게 전화가 걸려오기 시작했다. 결국 "일찍 문 닫고 집에 갈까?"란 부정적인 말을 한 직원들은 무실적으로 퇴근하는 날이 많았고, 나는 손님이 없는 2~6시 사이 조금 과장해 100일 동안 300건의 실적을 했다. 나의 간절한 바람이 가져다준 신기한 결과였다.

4. 지나가는 사람을 유심히 관찰하라.

장사하는 사람이 창밖의 손님을 바라보며 하는 생각은 무엇일까? 그저 우리 가게에 들어오길 바라는 마음, 나의 상품을 구매하기 바라는 정말 순수하고 때 묻지 않은 진실한 생각이다. 그런 생각을 지나가는 모든 사람을 보며 한다는 것은 어쩌면 종교적 관점에서 매일같이 기도하고, 108배를 올리는 것과 같았다. 나에게 와달라고, 내 상품을 구매해달라고 아주 간절하고 순수한 마음으로 손님에게 기도하는 것이다.

결국 4가지 원칙은 모두 나에게 모든 면에서 긍정의 에너지를 끌어당겼고, 근무시간 내내 내가 하는 모든 행동은 오롯이 나의 상상이 현실이 되길 바라는 간절한 바람으로 기도문(스크립트)을 작성하는 것이고, 기도문을 작성하며 손님이 오기를 바라는 절실한 생각이 단 0.01%도 더럽혀지지 않은 순수한 바람으로 우주에 가닿은 것이다. 그것이 결국 현실로 나타났고 나를 90% 이상의 계약 성사율, 영업의 달인으로 만들어준 절대적인 원리였던 것을 나는 깨달았다.

내가 군을 제대하고 다시 영업을 시작했을 때 입사 1개월 만에 전 지점 1등을 했는데, 나는 시 외곽 상권이라 계약 건수는 2등으로 기억한다. 하지만 급여 수령액 기준으로 입사 이후 퇴사까지 1등에서 내려온 적이 없었다. 당시 지점은 네 곳과 직원 수 약 40명이 넘게 있었다.(사실 다른 지점에 관심이 없어 정확한 인원수는 생각나지 않는다. 다만, 내가 소속된 지점이 가장 소수의 인원이고 점장, 부점장, 대리, 팀장, 담당 등을 포함해 약 열 두명 정도였다.)

언젠가 회의시간에 사례발표, 영업 스킬 등을 발표하는 시간이 있었는데 나는 그때 이렇게 말했다. "긍정적으로 생각하고 솔직한 마음으로 고객과 상담하면 계약이 성사된다." 나는 내 생각을 그대로 전달했고, 그것은 사실이고 실제였다. 무언가 이것을 행동이나 기술적인 면으로 해석해서 설명하기에 당시 나는 우주의 법칙과 같은 원리를 설명할 만한 지식이 부족했다.

회의가 끝나자 사람들은 나를 멀리하기 시작했는데, 그 이유는 '내 밥

그릇만 챙기는 이기적인 사람'으로 나를 판단했기 때문이다.(같은 지점에 먼저 그만둔 동생에게 전해 들음.) 그러나 지금 내가 책을 쓰는 것처럼 당시 직원들에게 말했더라면 그저 '이기적인 사람'을 넘어서 '미친놈'으로 취급했을 것이 분명하다. 나는 그때 이기적인 놈으로 살았던 것이 '다행' 이라고 생각한다. 우주의 법칙에 대한 확신이 없던 시절의 내가 '미친놈' 취급을 받았다면, 그냥 그들과 똑같은 인생을 살게 되었을 테니 말이다.

"사람들은 삶의 이유를 무척 빨리 배우는 것 같아. 아마도 그래서 그토록 빨리 포기하는지도 몰라. 그래, 그런 게 바로 세상이지."
– 파울로 코엘료, 『연금술사』

우주의 법칙은 온전하게 나를 비워내고, 오롯이 원하는 목표만이 나의 마음과 정신에 깃들어야 한다. 그리고 치열한 세상에서 모든 상황을 나만의 방법으로 즐겨야 하며, 목표를 향해 나아가는 나만의 공식과 규칙을 정해 실천해야 한다. 가끔은 더럽고 비열하며 가끔은 억울하고 슬프기까지 한 상황들을 모두 만끽하며 살아가기에는 시간은 빠르게 흐르고, 삶은 짧다. 세상을 제대로 즐기려면 스스로가 '자신'을 '신'으로 만들어야 한다.

만물을 지배하며 초능력을 사용하는 신도 있지만, 우리는 각자의 영역을 지배할 힘과 능력을 가지고 있다. 그렇게 부자들은 하나의 영역에서 신이 되고 그 원리와 공식을 그대로 적용해 또 다른 영역에서 신이 된다.

만약 이 공식이 거짓이거나 허상이라면, 세상에 사장과 직원은 존재하지 않아야 한다. 부자와 거지도 존재하지 않아야 맞는 것이다. 지금 나보다 영업을 잘하고, 부자인 사람들은 그 공식을 나보다 빠르게 적용했기 때문이다.

빠르게 신이 되기 위해서는, 나보다 먼저 신이 된 사람을 찾아가, 그들의 공식과 노하우를 배우면 된다. 나는 혼자서 그 공식을 이해하기 위해 9년이란 시간을 내다 버렸고 그것을 깨닫기 위해서 참 많은 성공자와 리더들을 만나고 그들 아래서 함께 일했으나, 무던히 실패하고 좌절하며 배신당했고, 끝내 책으로 그것을 이해했다. 내 책을 읽고서 '이 논리가 맞다.' 생각되면, 언제든 찾아오면 된다. 나는 마흔다섯 살이 되면 나와 함께 평생을 보낼 300영(영혼, 영역)의 신들과 함께, 세계 최고의 마을을 만들 것이다. 그중 '하나의 영'으로 함께 해주면 감사하겠다.

06

광고 대행사의 먹잇감이 되지 않는 방법

"우리는 언제나 세상을 바라보는 안목을 바꿀 준비가 되어 있어야 하며, 편견을 버릴 준비가 되어 있어야 하며, 마음을 열고 살아갈 준비가 되어 있어야만 한다. 바람의 변화를 전혀 고려하지 않고 똑같이 항해하는 선장은 결코 항구에 들어가지 못하는 법이다."

– 헨리 조지(1839~1897 미국, 경제학자)

"대표님, 감사합니다!"는 사실 "죄송합니다."를 둘러서 하는 이야기다. 이내 나는 평생 마케팅 위탁 계약서를 작성하자고 하며, 계약 기간은 30년으로 하고 즉시 1년 치 수수료 선지급과 계약 전 평균 6개월 치 순수익

대비, 추가적인 수익에 대한 5%를 인센티브로 요구하는데, 이는 내가 경영 실무자 또는 각 회사의 대표들과 상담을 하거나 컨설팅을 할 때 나누는 대화다. 정말 단 한 차례도 빼먹지 않고 조건을 요구했다. 진심으로 단 한 사람도 빼먹지 않고 나에게 묻는다.

"이 대표님이 마케팅을 맡아서 해주실 수는 없나요? 마케팅을 배운다고 한들 언제 적용하나 막막하기도 하고, 재고·매출 관리에다 미팅이나 모임이 많다 보니 시간도 부족하고. 직원들 시키자니 하지 않던 업무를 가르쳐서 일을 시키면 원래 하던 업무에 또 문제가 발생할까 우려되어서요."

이때 내 속마음을 그대로 표현하자면, "그냥 사업 접으세요."라고 이야기하고 싶었다. 그리고 실제로 수강이 끝나면 소주 한잔하며, 그때의 솔직한 심정을 털어놓았다. 하지만 일부 업체나 사장님들은 나의 조건을 듣고서 '진지하게 고민해보겠다.'라고 한 뒤에, 인터넷에서 광고 대행사를 찾아 계약하고, 이내 말이 안 되는 조건을 내가 요구한 것을 알게 되어 현재까지도 연락하지 않는 곳도 많다. 심한 곳은 나를 사기꾼으로 생각하고 건너 건너 '양아치'라는 말을 전해 듣기도 했다.

정확하게 말하자면, 내가 제안한 조건은 100% 진심이었다. 하지만 수락하지 않을 것을 예상했고 '죄송하다.'라는 거절 의사를 내 나름은 상호에게 유익하게 돌려 이야기한 것이다. 하나의 상품이나 상점 또는 기업을 마케팅하기 위해서는 적어도 그 업종이 아니라, 정확한 회사 내부의 사정이나, 그들이 추구하는 가치를 누구보다 정확하게 알아야 한다.

그러기 위해서는 내가 하는 모든 일을 중단하고 최소 3개월은 그들과 함께 현장에서 근무하며 상품이나 기업의 가치를 파악해야 한다. 그런데 그 집단의 구성원들이 주고받는 이야기와 행동 그리고 고객들과 직원의 행동 패턴, 스토리 등을 내가 직접 경험하지 않고 마케팅을 한다는 것은, 도박과도 같은 일이다.

하지만 정말 우습게도, 3개월쯤 되면 하나같이 내게 연락이 와서 묻는다.

"이 대표, 그간 잘 지냈죠? 갑자기 매출이 떨어져서 이래저래 정신이 없어 연락을 못 했네…. (중략) 다름 아니고, 우연히 지인 소개로 저렴하게 광고 하나를 진행하고 있는데, 생각처럼 고객들 반응이 없어서 말이지, 최소 6개월은 두고 봐야 한대서 3개월이나 참았는데 예산의 50%가 소진된 상황이라 이걸 계속해야 할지, 어쩔지 마땅히 물을 곳이 없어 연락했어요."

이 대화를 읽는 사람은 누구나 느낄 것이다. 그들은 내게 거짓말을 했을 뿐 아니라, 나를 무시한 것을 본인들이 직접 내게 이야기하며, 꼴에 대표니 사장이니, 팀장이네, 마케팅 담당자네, 뭔 놈의 직책들은 그리도 많은지, 사과조차 하지 않고 구렁이 담 넘듯이 넘어간다. 그래도 어쩌겠나, 좋은 게 좋은 거라 서로 돕고 사는 세상인데….

"아이고, 대표님~ 맘고생 많으셨네요. 일단 제가 바쁘니, 카톡으로 계약 내용 좀 알려주세요!"

계약 내용을 파악하면 무조건, 진짜 정말 거짓말 하나 안 보태고, 열 명 중 열 명이 똑같은 패턴으로 마케팅을 하고 있다. 페이스북, 인스타그램 Sponsored, 구글 검색 · 디스플레이, 네이버 카페 · 블로그, 언론 광고, 홈페이지 제작 등등 분명 업종별로 사용되는 광고가 다르고, 같은 업종이라도 지역의 특성과 상품의 특징에 따라서 이용되어야 하는데, 아무런 분석도 파악도 하지 않은 채 시작된 광고이기에, 당연히 그럴 수밖에 없는 것이다. 그리고 광고주들에게 모든 광고를 집행하는 이유에 대해서 나름의 전문용어인 ROAS를 파악하기 위해서라며 초기 비용을 높게 책정한 것은 당연하다며 영업을 한다.

여기까지는 이해한다. 영업을 통한 수익이 높아야 대행사도 이윤을 남길 것이고, 최대한 높은 수익률로 운영해야 빠르게 신규 직원을 채용하고 규모도 늘리고 계약 건수도 늘려서 객 단가를 낮출 수 있고, 직원들의 경험이 늘면서 실력도 늘어 언젠가 메이저급 광고사가 되리라는 꿈과 희망을 품고 운영될 것이기 때문에, 그리고 담당자 역시 인센티브를 받아서 먹고 살아야 하므로 충분하게 이해한다.

그러나 결코 고객을 기만하는 영업을 하는 회사는 오래가지 못한다. 그것을 보고 배운 직원은 분명 그 회사를 배신하게 되어 있다. '뿌린 대로 거둔다.'라는 옛말이 절대 틀리지 않음을 절실하게 느끼기 바란다. 그러나 내가 최종적으로 화가 나는 것은 '키워드' 선택에 있다.

예를 들어, 커피를 전문적으로 판매하는 커피숍에 '브런치 카페' 키워드를 왜 넣는 것이며, 실크·생활 한복 등의 의류를 판매하는 업체에 '명품의류'는 왜 넣는 것인가? 실크가 비싸서? 돈 많은 고객은 그냥 이미지만 보고 아무거나 구매할까 봐서? 애당초 업체의 분석도 잘못되었고, 소비자의 분석도 잘못된 최악의 키워드 선정이다.

잘못된 부분들을 답변으로 보내주면, "그렇죠? 저도 그게 이해가 안 돼요." 등의 반응을 보이는데, 그때마다 생각하는 것은 이 사람들이 진짜 대표, 사장, 팀장, 담당자가 맞나 싶을 정도로 어이가 없다.

들어보면 막내가 팀장에게 무언가 잘못되었다고 보고하는 듯한 무책임한 답변이 돌아오는 것이다. 분명 나는 그들에게 어떤 광고를 어떻게 진행해야 하는지 알려주었다. 각 업종에 알맞은 플랫폼과 광고를 추천해주었고 그들은 당시에 '예산을 좀 더 쓰더라도, 빠르게 효과가 있으면 좋겠다'며 다른 광고를 추가하면 어떠냐?'는 질문과 '지금 예산이 그렇게 운용이 불가한데 조금 줄이면 어떻겠냐?'는 질문을 하곤 했다.

나는 그들의 의견에 대해서 찬성도 반대도 하지 않았고 긍정과 부정의 결과 2가지를 알려주었다. 그런데 그들은 대충 돈으로 하면 된다는 마인드로 접근했다가 점점 어려워지는 것을 느끼고 내게 마케팅 위탁을 이야기했으나 어처구니없는 조건을 들었으니, 다른 루트를 통해서 광고 대행사와 연결되었거나 또는 직접 찾아다녔을 테고 그 결과 대행사의 패키지 영업에 홀려 넘어간 것이다.

사실 이런 생각과 반응 그리고 결과는 당연하다. 나 역시 무모하게 한 달 순수익을 광고비로 투자하고, 2년간 몇천만 원의 교육비를 들여가며 배웠기에 현재가 있는 것이고 그들은 그런 경험을 해보지 못했기 때문에, 당연하다고 생각한다. 결국은 내가 처음에 광고 대행을 맡기며 겪었던 상황들을 똑같이 경험하는 것이다.

내가 실제로 내 사업에 대한 광고를 진행하면서 느꼈던 것을 토대로 컨설팅이나 교육을 하면서 항상 강조하는 부분은 '직접 하라'는 것이다. 광고를 운용하는 방법은 당연하게 배워야 한다. 이미지, 동영상 작업 역시 기초만 알아도 충분하게 진행할 수 있는 것들이 많다. 거기서 효율이 높다 싶은 것에 조금 더 큰 금액을 투자하고 전문가들과 협업하며 마케팅을 성장시키는 것이다. 현재도 나는 다섯 번 중 세 번은 실패하는 마케팅을 경험한다. 그럴 때마다 포기하는 것이 아니라 끊임없이 생각하고 아이디어를 도출해서, 다섯 번 중 두 번을 성공시킨다.

대행사를 통해 실패를 경험하는 것은 분명 좋은 경험이지만, 그런 경험을 통해 자신의 지식이 향상되거나 마케팅에 대한 가치를 제대로 파악하고 평가하는 것이 불가능하다. 즉, 돈은 돈대로 투자되고 시간은 시간대로 날려 먹는 것이다. 그러나 더 많은 금액이 투자될 것 같아도, 더 오랜 시간이 걸릴 것 같아도 그 모든 경험을 직접 체험하고 부딪히며 자신의 것으로 만들게 되면 똑같은 실패를 하더라도 스스로 성장하는 계기가 되며, 실제로는 비용에 대한 컨트롤을 직접 하게 되어서 비용이 절감되고 성공적인 마케팅을 마주하는 시간이 더욱 단축될 것이다.

07

환불의 순간에도 마케팅으로 대응하라

"신념은 현명한 도박이다. 신념은 증명될 수 없으므로 믿져야 본전이다. 만일 당신이 얻는다면 당신은 모든 것을 얻을 것이고, 만일 당신이 잃는다면 당신은 하나도 잃을 것이 없다. 그러므로 주저하지 말고 신념을 믿어라."

– 블레즈 파스칼(1623~1662, 프랑스 철학자)

갓난아기가 울음을 터트리는 이유는 배가 고플 때, 잠을 자고 싶을 때, 기저귀가 찝찝할 때, 소화가 되지 않을 때, 가렵거나 아플 때 등 5가지로 나눌 수 있다고 한다. 아이를 처음 키우는 사람이라면 이런 증상들을 간단히 파악하기는 힘들다. 하지만 모든 울음에는 이유가 있다는 것 정도는 알고 있다. 그리고 그것은 아기뿐만 아니라 청소년과 성인도 마찬가지다.

그리고 울음이 터지면 자연스레 눈물이 흐르게 되는데 사람들은 대체로 눈물을 슬픔이나 아픔의 상징으로 인식하며, 간혹 기쁨의 눈물을 흘리는가 하면, 놀란 마음을 달랠 길 없어 눈물을 보이기도 한다.

한 가지 놀라운 사실은 사극이나 조선 시대를 포함한 그 이전을 배경으로 한 드라마 또는 영화를 보면, 집 마당이나 깊은 산골에서 곡(애도의 울음소리)을 하는 장면을 볼 수가 있는데 이는 곡하는 사람을 돈 주고 데려와 자신의 슬픔을 대신 표현하기 위해서 곡소리를 내어 구천을 떠도는 혼을 달래주는 것이었다. 이것을 안다면 울음이 그저 가치 없이 피해야하는 감정의 분출이나 행동이 아니라는 것을 알 수 있다.

고객이 클레임 또는 환불을 요구하는 순간마다 아기의 울음이 터졌다고 생각하니, 그 상황을 마주하는 나의 모습과 대처방법이 180도 달라지기 시작했다. 고객이 내게 울음을 터트리는 이유는 아기가 울음을 터트리는 이유보다 훨씬 간단했으며 불만의 원인을 파악하기 위해서 참고해야 하는 상황도 줄어들기 시작했다.

1. 브랜드 또는 기업의 가치에 대한 불만

2. 서비스 현장(매장)의 품질에 대한 불만

3. 계약 또는 서비스 응대 담당자에 대한 불만

4. 고객 성향에 따른 블랙 컨슈머의 방문

4가지로 나누어 구분하면 각 상황에 알맞은 대처를 하면 긍정적 결과를 얻게 될 것이다.

첫 번째, 기업의 가치에 대한 불만은 타 업체와 비교해 자사의 서비스가 불만족스러웠거나, 제공되지 않는 서비스, 판촉물 또는 A/S나 계약변경 등 구매 · 계약 이후 발생하는 문제들로 고객이 서비스나 상품을 이용하는 중에 불편을 느끼거나 하는 경우 발생되는 것이다.

두 번째, 현장 품질에 대한 불만은 비치되어 있는 생필품과 같은 물품이 없는 경우와 청결의 문제에서 발생되며 식당의 경우 바닥이 미끄럽거나, 미용실의 경우 의자가 불편하거나, 쿠션의 높이가 불만족스러운 경우 등 현장에서 발생할 수 있는 어쩌면 사소한 것들에 대한 불만들이 있다.

세 번째, 담당자에 대한 불만은 너무 공격적으로 영업을 한다거나 업무에 대한 이해도가 낮은 상황에서 응대하는 경우 발생하는데, 업무처리가 늦거나 미흡하고 고객과 상담 시에 선택되는 단어, 언행, 행동, 자세 등의 문제도 있으나, 담당자의 사후관리 소홀로 기분 좋은 구매를 했음에도 불구하고 기업 가치에 대한 불만으로 이어지는 경우가 많다.

네 번째, 블랙 컨슈머의 경우에는 너무 많은 예시가 필요한데, 단순하게 이야기하자면 상식을 벗어난 문제를 다루며 고객 클레임의 발전 속도, 정도, 빈도 등이 상식적으로 이해할 수 없을 만큼 과하게 진행되어 문제를 제기하는 경우가 많고, 대체로 기업과 고객 간의 제대로 된 소통이 진행되지 않은 경우 그리고 기업의 가치를 의도적으로 이용하며 고객 스스로가 자신의 소비 선택을 합리화 또는 정당화하기 위해서 책임을 회피하려는 경우가 많다.

손님의 클레임은 울고 있는 아기와 같다고 생각하면 그것을 감당해야 하는 우리의 관점에서 훨씬 편안하고, 여유 있게 대처할 수 있게 된다. 실제로 나는 고객의 클레임이 발생하는 경우 문제점을 파악하는 데 집중한다. 그리고 다음 선택은 문제 해결이 아니라 나 자신과의 타협을 시도한다. 현실을 부정하라는 것이 아니라, 현실과 이상을 적절히 조율해서 내 머리와 감정이 받아들이는 부정의 크기를 조율하는 것이다. 그것으로 냉정함과 현명함을 유지할 수 있도록 하는 것이 중요하다.

1. 기업의 가치에 대한 불만 : '아이가 먹을 것을 찾는데 내가 주지를 않았구나.'

2. 현장의 품질에 대한 불만 : '아이가 잠이 오는데, 불편해서 잠을 자지 못하는구나.'

3. 계약, 서비스에 대한 불만 : '아이가 어딘가 가렵고, 심기가 불편해 짜증을 내는구나.'

4. 블랙 컨슈머의 불만 접수 : '오랜만에 아이가 "똥"을 싸서 기저귀가 불편하구나.'

고객의 불만을 응대하는 방법, 기술, 언어 등도 많지만, 책에서 그것을 전부 담기가 힘든 것 같다. 다음에 기회가 된다면 "사람들이 환불하지 않는 매장의 영업비법"으로 책을 내볼까 싶다. 스물한 살에 하나금융그룹에 근무하던 시절, 지점 전체의 계약금액은 15~55만 원으로 평균 35만 원 선이었다. 오전에 실적 3건을 해내고, 기분 좋게 지점장실에 들어가서 당당하게 말했다.

"지점장님! 오전에 30만 원짜리 7년 납 1건, 10년 납 2건 했습니다. 퇴근해보겠습니다!"

사실 스물한 살짜리가 그저 칭찬 좀 받자고 던진 농담에 당시 지점장님은 아주 흡족한 말투로 "그래, 오후 회의만 끝내고 퇴근하렴." 답을 주셨다.

나는 신이 났고, 당시 만났던 여자친구에게 오후 수업 대리 출석하라고 문자를 보내고 점심시간이 오기를 '눈이 빠져라.' 기다리고 있었다. 당시 상황은 잘 기억나지 않지만 몇 명의 고객에게 문자를 돌렸는데 두 번째 상담받았던 고객에게 답장이 왔다.

"12년 납, 150만 원, 저, 신랑, 딸아이 3건 계약하겠습니다."

이내 나는 외쳤다. "브라보!!!", 당장 계약서를 작성하기 위해 준비했다. 이내 계약서를 접수했고, 오더와 동시에 팀장님은 먼저 퇴근해서 댁에 가 팀원들과 나눌 음식을 준비하셨다. 마지막 해피콜까지 마무리하고, 팀원 모두 동시에 퇴근해 팀장님의 댁으로 향했다.

"갑자기 왜 또 자랑질이냐?"고 생각하시는 분이 있겠지만, 사실 이건 자랑이 아니다. 그렇게 돈을 사랑해 영업에 미쳐 살던 내가 영업을 두 번 다시 하지 않겠다고, 안정적인 직업이 최고라며 부사관을 지원해 5년의 세월을 날리게 만든 최악의 계약이었는데, 고액 계약 건의 경우 청약 철회 기간 30일을 지낸 후, 3개월로 나누어 인센티브를 주었다.

신나게 인센티브를 받았다. 그러나 갑작스러운 고객의 변심으로 계약은 단번에 취소가 되었고, 팀장님과 지점장님까지 나서서 철회를 막아보려 했지만 중도 해약금을 부담하고서라도 취소해야만 하는 상황에 나는 당월 급여와 수당을 모두 환수당했다.

그렇게 나는 퇴사를 다짐하고 팀장님께 조심스레 이야기를 건넸다. 돈 때문이라는 말은 차마 하지 못하고, 군대를 핑계로 퇴사하려던 내게 팀장님은 조심스레 말을 던졌다.

"너도 인생 살면서 갑자기 안 풀리는 일이 생기고 화도 나고 짜증나는 일들이 있었을 텐데, 그럴 때마다 어떻게 견디고 버텨서 지금의 네가 존재하는지 생각해본 적 있을까?"

이내 나는 대답을 아낄 수밖에 없었다. 나가려는 나를 잡고 싶어 하는 팀장님의 마음을 잘 알았기 때문에 더욱 죄송했다. 몇 초간의 정적이 흘렀을까, 이내 팀장님은 갑자기 욕을 했다.

"그 아주머니도 참, 갑자기 계약을 취소하고 지X이네, 근데 도규야! 사람이 살면서 어찌 매일 좋은 일만 있겠어, 그냥 오늘 그 고객이 참 엿 같은 일을 경험하고 마음이 아프구나 하고 생각하면 마음이 편할 거야. 오늘은 일찍 퇴근하고, 집에 가서 마음 추스르고 다음 주부터 다시 출근하자."

나는 일주일 정도 후, 팀장님을 찾아가 죄송하다는 말과 함께 끝내 퇴사를 선택했다. 하지만 당시 팀장님의 그 시원한 욕은 군 생활에서도 많은 도움과 위로가 되었고, 현재 내가 고객들의 클레임을 상대하며 나만의 평정심을 되찾는 방법으로 발전되었다. 나에게 맞는 마케팅을 찾기 위해서 비용을 분석하듯이, 고객의 불만에 알맞은 응대를 하기 위해서는 그들의 불만 유형을 분석하는 것이 현명한 방법이다. 무조건 죄송하다고 하는 것도 옳지 않고, 무조건 환불해주거나 보상하는 것은 더더욱 옳지 않다. 고객이 클레임을 종료하고 돌아서는 순간 입에서 미소를 짓게 하고, 나는 손해 보지 않아야 한다.

08

고수는 장사보다 마케팅에 목숨 건다

나는 계약 조건을 다른 사람과 경쟁사와 비교했을 때, 10%에서 30% 이상 높게 책정하는데, 이는 분명 나와 손님 양쪽이 만족할 수 있는 가장 이상적인 설계라 생각한다. 하지만 직원들에게 이런 판매조건과 방식을 이야기하면 한결같이 돌아오는 대답이 여러 개 있다.

"다른 곳에서 알아본 견적이 더 저렴해서 어쩔 수 없었어요."

"고객이 빠꼼이라 어쩔 수 없었어요."

"인터넷에서 알아본 가격을 이야기하기에 실적이라도 하려고 판매했어요."

그러나 이런 대답을 한 직원들은 퇴사율이 높으며 근무 기간이 대체로 짧다. 그리고 참 다양한 직업으로 이직을 했다. 그중 몇 명은 퀵 서비스 배달을 하고, 또 어떤 이는 아르바이트만 두세 개를 하며 생계를 유지하고 있다. 하지만 오래 남아 근무하는 직원들의 특성은 대체로 초반에 실적이 부족하여 인센티브가 적거나 없다. 하지만 회사에 남아 근무하는 이유는 뭘까? 자신의 역량을 인정하고 '발전하려고 노력'하거나, 그냥 무의미한 시간을 보내며 월급을 축내는 '월급 충' 둘 중 하나일 것이다.

나는 '월급 충'을 감지하는 순간, 즉각 내 머릿속에 든 '쫓아내기'를 실행한다. 좋게 이야기해서 좋게 나가는 직원을 여태껏 본 적이 없기에 애당초 그들의 입장은 신경 쓰지 않고 제 발로 나가도록 하는 것이 정신 건강에 이롭다는 것을 깨달았다. 그렇다면 매번 핑계만 대며 평균 수익률을 깎아내리는 직원들은 무엇을 위해 일하는 것일까? 그들 대부분은 돈에 대한 개념이 없다. 있으면 있는 대로, 없으면 없는 대로 살아간다. 어쩌면 무한한 생존능력을 가진 대단한 사람들이지만, 그들에게 급여를 주며 장사해서 매출을 올리고 수익을 만드는 사장 입장에는 전혀 쓸모가 없는 능력이다. 무의미한 시간을 보내며 급여만 축내는 '월급 충'들은 어떤가? 이들은 높은 인센티브와 수당보다는 기본급에 목숨을 건다. 그저 매달 나오는 급여로 어렵지 않은 생활을 할 수 있음에 감사하는 안정을 추구하는 소박한 사람들이다. 마지막으로 '발전하려고 노력'하는 멋진 직원들이 있는데, 처음에는 '월급 충'과 별다를 것이 없어 보인다. 하지만 어느샌가 나의 영업 스킬을 그대로 카피해서 사용하고, 내가 추구하는 마케팅의 본질을 정확하게 캐치하여 고객들과 소통한다. 단순히 생각한다면 이들은 회사가 추구하는 방향성을 파악하고 그것을 영업에 활용하는 것이며, 3차원적으로 생각한다면 이들은 마케팅의 본질을 파악한 것이다.

마케팅이란, '고객과 회사가 소통하는 유일한 수단이며, 'WHY'를 정확하게 파악해서 고객에게 인지시켜야 한다.'라고 했고 그들은 그것을 이용해서 영업하는 것이다.

다시 말해, 이미 고객의 무의식에 들어가 있는 매장과 상품을 한 번 더 강조하고, 그들의 머릿속으로 다시 꺼내고, 마지막으로 고객에게 우리 매장이 제공하는 혜택을 어필하는 것이다. 매장에 방문했다는 것은 충분히 당시 현장에 대한 긍정적인 생각을 하고 있다는 것이다.

그 이유가 매장이 커서, 예뻐서, 가까워서 무엇이 되었든 상관없이, 고객이 우리 매장에 방문했다는 것은 구매 확률이 다른 매장에 비해서 높다는 것이다. 그런 고객을 그냥 보낸다는 것은 영업하기 싫거나, 고객이 싫거나, 돈 벌기 싫거나, 회사에 불만이 있는 사람일 것이다. 예외로 어제

여자친구와 헤어졌을 수도 있는데, 이런 특별한 상황은 이해해줘야 한다.

정리하자면 구매 상담을 받고 있다는 것은 상품을 구매할 의사가 있는 사람이며, 그중에 우리 매장에 들어와 있다는 것은 우리 매장에 대한 긍정적인 생각을 이미 가진 사람이다. 그럼 다음에 영업 인력들이 하는 일은 회사가 추구하는 마케팅 방향을 따라서 그저 설명하고, 고객이 긍정적인 판단을 내릴 수 있도록 유도하면 된다.

필자가 TM 업체에서 근무하던 시절에 사용하던 멘트들이 있다.

"고객님, 날씨가 참 좋네요. 식사는 하셨을까요?"

"고객님, 이번에 한일전 응원의 의미로 이벤트를 준비했는데 혹시 축구 좋아하시나요?"

"고객님, 장기간 이용해주신 감사 의미로 선물을 준비했는데 5분 정도 시간 괜찮으세요?"

예전에는 참 잘 먹히던 인사인데 사실 이제는 식상함을 넘어 짜증나는 스팸으로 분류된다. 그간 기업들의 전투적인 영업 활동으로 고객들은 단번에 이것이 영업인지 스팸인지 알 수 있을 정도니 이제는 옛날처럼 말장난으로 고객을 설득하는 시대가 아니다. 솔직하게 이야기하자면, 빠르면 5년, 늦어도 15년 이내 현재의 영업 인력들은 최소 30% 이상 축소될 것이며, 빠르면 10년 늦어도 20년 이내 모든 영업 인력은 사라지게 될 것인데, 이런 현상은 빅데이터와 AI의 발달로 고객 타깃팅이 정확해지면서 단 한 번이라도 관심을 보인 기업과 상품은 돌고 돌아 해당 소비자에게 또다시 노출되는 것이다. 그에 따라 소비자는 큰 시간이나 노력 없이 관련된 제품을 모두 만나볼 수 있게 되고, 가격, 품질, 사용 후기 등을 어렵지 않게 알 수 있어 그만큼 구매 욕구에 대한 충족 수준이 높아지고 있다.

현재의 영업 방식으로 그저 단순한 고객 응대와 영업 멘트 그리고 좋은 상권만을 믿고 장사를 한다면 시간 속에서 매출은 줄게 되고 심한 경우 폐업으로 이어질 것이다. 앞으로 기업이 생산해서 소비자에게 판매되기까지의 유통과정은 더욱 축소될 것이며, 그에 따라 새로운 소비자들이 등장하고 있다.

1. Producer(생산자) + Consumer(소비자) = Prosumer(프로슈머)
- 소비를 넘어 제품의 개발, 유통까지 모두 참여하는 소비자를 의미한다. 이는 사실 아날로그 시대부터 생산과정에 반영하거나, 상품의 개발에 아이디어를 얻는 방식으로 존재했는데, 시제품이 출시되기 전 일부 특정한 고객, 직원들의 가족들을 통해서 시제품을 평가받았다. 그러나 디지털 시대, 언택트 시대가 급격하게 성장하면서, 프로슈머의 개체가 증가하기 시작했고, 리뷰 블로거, 체험단, 협찬 등의 방법을 통해서 모든

기업의 동반자이자 최대의 적으로 자리 잡았다.

2. Creative(창조) + Consumer(소비자) = Cresumer(크리슈머)

– 프로슈머의 개체가 늘어나고, SNS를 기반으로 엄청난 양의 미디어 콘텐츠들이 쏟아져 나오기 시작하자, 기업들은 이것을 응용해 크리에이터(유튜버, 인플루언서 등)들을 통해서 그들이 스스로 상품에 새로운 가치를 입히고 독창적인 아이디어를 만들어 스토리를 공유함으로써, 단순한 소비를 넘어 자신의 욕구를 충족하는 소비자들과 소통하고 있다.

둘의 공통점은 기업과 소비자의 양쪽 입장을 고려한 아주 자연스러운 마케팅이 된 것이다. 적어도 당신의 사업이 앞으로도 쭉 유지되기 위해서는 이미 현명해진 소비자를 고려하는 것은 당연하며, 더욱 똑똑하고 깐깐해질 Z세대(90년대 중반부터 현재까지)가 신규 소비자층으로 자리 잡을 때 그들에게 맞는 마케팅은 무엇인지, 어떤 점을 마케팅으로 어필하고 인식시켜야 할지 심각하게 고민해야 한다.

지금까지 우리가 해온 것이 단순히 영업을 위한 광고였다면, 앞으로는 나와 소비자를 소통하게 해줄 진정성 있는 마케팅을 반드시 준비해야 한다.

"나이가 들수록 해보지 않았던 것에 대해서만 후회한다는 것을 발견하게 될 것이다."

– 제커리 스콧(1914~1965, 미국 영화배우)

마케팅 비용은 고민하지 말고 무조건 시작해야 한다. 당장 이번 달 100만 원이 없어 고민이라면 더더욱 마케팅을 시작해야 한다. 곧바로 폐업 신고하지 않을 것이면, 어차피 유지를 위해 생계를 위해 빚을 낼 것이고 빚은 점점 늘어날 것이다. 겉잡을 수없이 커지면 결국 폐업할 것이고 그때 남는 것은 빚과 후회뿐이다.

절대 긍정하라는 나의 말을 믿고 '언젠가 좋아지겠지'라는 막연한 기대로 사업에 승패를 걸어서는 안 된다. 이래도 저래도 망할 것이라면 뭐라도 해보고 망해야 한다. 바닷속에 빠지기 전이라면 고개 빳빳이 치켜들고 최대한 숨을 들이마시고 1초라도 더 버텨야 한다. 마케팅이 시작되면 결국 시간과의 싸움이다. '나의 사업이 다시 날개를 달 수 있다면.' 그렇지 않더라도, '최소한 다음 사업에 무조건 도움이 된다면.' 충분하게 투자할 가치가 있다. 후회할 때는 늦었다는 것을 잘 알지 않는가…?

'아카데미 배가' 카페, 블로그, 유튜브 채널을 통해서 다양한 정보들을 공유하고 있으니, 혼자 고민하지 말고 언제든 찾아오기 바란다. 빠르게 성공하는 방법은 시간을 버는 것이다.

3장

-

온라인 마케팅 채널의 특징을 살려 브랜딩하라

동네 가게부터, 중소기업까지 뻥튀기 브랜딩 비법

"모든 제품은 스스로 타고난 내재적 드라마가 있다. 크리에이터가 할 일은 그 같은 드라마를 찾아내 뉴스처럼 신뢰감 있게 제시하는 것이다."
– 레오 버넷(1891~1971, 미국, 20세기 가장 큰 영향을 미친 100명의 인물)

추운 겨울에는 운동하기가 싫고, 3월 즈음 날씨가 포근해지기 시작하면 멋진 여름휴가를 그리며 섹시한 바디를 만들기 위해서 운동을 계획한다. 대부분 계획은 머릿속에 고스란히 남아 꺼내어지지 않은 채 간직되는데, 그 누구라도 3년 이내 한 번 이상은 경험했을 것이다. 하지만 이

중에서도 조금은 실행력이 강한 사람들이 헬스, PT 등 회원권을 끊지만, 우리가 원하는 섹시한 몸은 쉽게 만들어지지 않는다. 맛있는 음식과 재미난 술자리, 편안한 휴식의 유혹과 결국 타협하며 올해의 버킷리스트 중 하나였던 '몸짱 되기'는 결국 실패하게 된다.

"재미난 사실은, 애당초 실행하지 않은 사람들은 돈이라도 아끼겠지만, 회원권을 끊은 사람들은 쓸데없는 돈을 낭비하게 된다. 그리고 그 속에는 더욱 재미난 사실이 숨어 있다. 그것은 바로 운동할 때 사용되는 장갑, 벨트, 옷, 건강식품, 헬스장에서 사용할 향기로운 샴푸, 린스, 바디워시 등을 구매하면서 1년 치 회원권보다 더 많은 지출을 하게 된다. 배보다 배꼽이 더 큰 격이다."

그녀는 다음으로 골프를 예로 들며, "많은 사람이 골프를 더 잘 칠 수 있길 바라며 새 골프채 세트를 삽니다. 실력 좋은 골퍼들의 사고방식, 신념, 태도를 본받을 생각은 하지 않고서 말이죠. 형편없는 골퍼가 새 골프채를 사봤자 그 사람은 여전히 형편없는 골퍼일 뿐입니다."
　－ 로버트 기요사키, 샤론 레흐트 『부자 아빠 가난한 아빠』

위 저자가 1970년대 중반, 150달러의 '목표를 설정하는 방법'에 대한 강의에서 들은 강사의 이야기다. 조금 더 설명하자면, '되라, 하라, 가지라.'

3가지를 두고서 설명하는 내용인데 결국 사람들은 '되는 것' 대신에 '하는 것'을 선택한다고 이야기했다.

이런 뻔한 이야기나 하자고 다른 책의 내용까지 빌려왔으리라 생각하지 않기를 바란다. 적어도 내 책을 구매해서 읽고 있다면, 이 책을 끝까지 다 읽고 이해한다면 적어도 마케팅, 브랜딩을 하는 데는 150달러 강의를 듣지 않아도 '하는 것'을 선택하지 않고 '되는 것'을 선택하게 될 것이라고 자신 있게 말할 수 있다.

한 번은 필자가 직원과 대화하며 이런 질문을 한 적 있다. "세계에서 가장 골수팬을 많이 보유하고 있는 기업이 어디일까?" 내 질문에 직원이 답하길, 가수 '싸이' 또는 'BTS 방탄소년단'의 소속사라고 답했다.

생각지 못한 직원의 답변에 나는 헛웃음을 지으며, 다시 물어보았다. "그거는 그 가수들의 팬이고, 기업에 대한 팬을 이야기하는 거잖아~." 직원은 나에게 "그럼…, 나이키?…." 직원의 대답은 나의 설명을 조금 더 쉽게 이끌어주었다. 그리고 내가 듣고자 하는 대답은 사실 'A.P.P.L.E', 세계적 기업이며 시가총액 1위 애플이다.

애플의 창업자 스티브 잡스의 연설문 중의 일부를 가져와보겠다.

"알아두세요. 나이키는 생필품을 판매합니다. 신발을 판매하죠. 하지만 여러분은 나이키를 생각할 때 신발 회사가 아닌 다른 것을 떠올립니다. 다들 알겠지만, 나이키는 광고에서 상품에 대한 언급을 전혀 하지 않습니다. 에어솔에 대한 얘기를 전혀 하지 않고, 왜 리복의 에어솔보다 좋은지 얘기하지 않습니다. 그렇다면 나이키는 광고할 때 무엇을 이야기하는 걸까요? 그들은 위대한 운동선수를 기리며, 스포츠를 기립니다. 그것이야말로 나이키의 정체성이며, 자신들이 무엇을 하는지 말해주는 것입니다."

이번 장의 제목의 핵심은 "뻥튀기 브랜딩 비법"이다. 필자가 전달하고자 하는 내용을 정확하게 집어 이야기하자면, 적은 양의 쌀로 큰 과자를 만들어내는 것처럼 적은 비용으로 마케팅을 하라고 말하는 것이 아니다. 나의 사업이 크건 작건, 내가 판매하는 상품의 가격이 비싸건, 저렴하건 모든 것에는 그 역할과 필요성이 있기에, 상품으로 존재성을 가지고 시중에 나온 것이다. 단지 그것을 필요로 하기까지의 경험과 가치를 인정하는 사람의 수가 적거나 많을 뿐, 제대로 된 마케팅은 그것들이 담고 있는 큰 가치를 표현하라는 뜻이다.

제대로 된 마케팅을 하기 위해서는 상품과 기업의 가치를 명확하게 이해하고 있어야 한다. 따라서 광고 대행사나 새로 채용된 직원이 좋은 마케팅을 만들어낸다는 것은 기적에 가까운 일이다. 아무리 뛰어난 마케터일지라도, 자신의 분야가 아닌 새로운 분야를 접하게 되면 그것을 분석하고 해석하여, 마케팅으로 재가공 되기까지 시간이 걸린다.

처음 이야기했던 배보다 배꼽이 더 큰 용품구매는 결국 내 상품과 회사의 마케팅을 하기 위해서 그 본질도 이해하지 못한 채로 광고 대행사를 채택하는 것과 다를 바 없다. 결국은, "목표를 설정하는 강의"에서 말한 '하는 것'을 선택하는 것과 다를 바 없는 것이다. 마케팅한다는 것, 광고를 띄운다는 것 둘의 최종 목적지는 결국 손님의 인식에 나의 회사와 상품이 자리잡고 시간이 지남에 따라 자연스러운 팬층이 형성되고 단골고객이 생성되는 것을 목적으로 한다. 그러나 대부분 자영업자, 중소기업들은 막연하게, '마케팅하는 것'에만 중점을 두고 있으므로 '브랜딩되는 것'은 전혀 신경을 쓰지 않는 것이다.

혹, 빵을 판매하는 베이커리 매장의 사장님이 내 책을 읽고 있다면 미리 축하의 말을 전하고 싶다. 우리 집 앞에 동네 빵집을 보며 내가 생각했던 나의 불만과 희망 사항을 이야기할 것인데, 마케팅 전문가이며 아~주 까다로운 고객인 내가 10년간 고심하고 생각했던 정보를 무료로 얻는 것이니, 이것을 토대로 여러분의 사업에 하나의 전환점과 기회가 되기를 간절히 바란다. 제목에서 말하는 뻥튀기의 법칙은 결국 브랜딩에 대한

WHY를 질문하는 것이다. 필자의 머릿속에 있는 것을 단어로 해석하자면 아래와 같다.

"WHY ME?"
[Whole] : 전체, 모든, 온전한, [Hope] : 희망, 기대, [Yes] : 동의, 찬성
[W.H.Y] : 모든 희망과 기대에 대해 찬성해야 한다.

빵을 구매하러 오는 사람들은 100% 허기를 달래기 위해서이다. 내 상품에 대한 희망과 기대를 저버리지 않기 위해서는 신선하고 맛있는 빵을 매일 구워 매대에 내어놓아야 한다. 그러나 전체를 생각하라고 했다. 크게 보라. 시간이 없어 빵이 먹고 싶어도 구매하지 못하는 사람과, 출근 시간이 우리 매장의 오픈 시간보다 빨라 구매하지 못하는 사람, 내가 자주 가는 커피숍과 빵집의 동선이 반대라, 커피를 마실 때는 다른 빵집을 방문하는 사람, 바게트는 우리 집에서 구매하지만, 샌드위치가 없어 매번 브랜드 베이커리를 방문하는 사람 모두를 고민해야 한다. 그것이 브랜딩에 성공하는 가장 빠르고 현명한 원칙이다.

시간이 없는 손님에게는 정해진 시간에 배송을 시작하고, 출근 시간이 맞지 않는 사람은 전날 저녁 또는 새벽에 빵을 가져다 두고, 단골 고객들의 커피 취향을 파악해 커피 기술을 연구하고, 부족한 메뉴가 없는지 항

상 묻고 기록하여 고객의 취향을 파악하고, 다른 빵집에서는 어떤 메뉴들이 잘 나가는지 고민해볼 필요가 분명하게 존재한다. 패스트푸드점이 '배민' 등에 입점하고, 요즘은 커피숍이나 베이커리도 많이 입점해 있다.

그러나 빵은 우리나라에서 주식보다는 간식이나, 가벼운 식사 대용으로 자리잡았다. 따라서 빵이 먹고 싶어서 '배달의 민족'을 검색하는 사람은 드물다. 단순한 배달이나 배송을 생각할 것이 아니라, 나를 찾아야 하는 이유를 어필하고, 나의 고객이 되었을 때 소비자가 받게 되는 희망에 대한 보상을 제공해야 한다. 사실 필자는 빵을 먹으면 소화가 잘 안 되어, 즐겨 먹지 않는다. 하지만 군에 있을 적 수프와 빵으로 아침을 먹었던 시절이 문득 떠오르기도 한다. 만약 운 좋게도, 우리 집 앞 빵집의 광고가 필자의 추억 감상 시간에 보였다면 어떨까?

"내일 아침, 따뜻한 쇠고기 수프에, 부드러운 옥수수 식빵을 찍어 드시면 어떠신가요? 고객님의 집 앞까지, 원하는 시간에 가져다 드리겠습니다."

고객층이 정해져 있는 업종은 기존 고객들의 충성도를 더욱 높이면서, 이미 외국에서는 유명 셰프의 레시피와 조리 방법을 그대로 카피해 로봇 팔이 음식을 만들어 내어놓는다. 시대는 변했고 세상 사람들은 더욱 빠르게 적응한다. 전문직은 앞으로 유명세를 가지고 더욱 유명해지고 부자가 될 것이며, 유명하지 않고 실력만 우수한 사람은 겨우 살아남아 동네 지킴이가 될 것이다. 따라서 현재에 만족하는 것은 내 사업을 미래 미지수 값에 던져놓는 것과 같다.

1. 어플 개발 비용이 없다면 '배달의 민족을 이용하라.' 새벽 · 저녁 배송 메뉴를 추가하자.

– 주문 시 메모에 희망시간대를 신청 받는 것도 방법이다.

2. 시스템을 만들어서 고객들과 소통하라.

– 배달, 현장 구매 고객에게 전단이나 쿠폰을 통해서 시스템을 알려라.

– 상품을 알리는 것은 구석기 시대 방식이다.

3. 정기권을 만들어 할인가로 판매하라, 결국 지속적인 판매는 현금의 흐름을 원활하게 한다.

– 새로운 메뉴의 개발이나, 마케팅 투자 비용에 도움이 된다.

4. 특정 기간 수프를 무료로 제공하라.

– 당신이 만든 '별미 수프'가 성공한다면 빵집의 매출이 순식간에 상승할 것이다.

– 식빵 구매 고객에게 서비스로 제공될 500원짜리 딸기잼을 서브 메뉴로 넣어두었다면, 당장 삭제하기 바란다. 서브 메뉴의 개념을 제대로

파악해야 마케팅에 접목할 수 있다.

5. 폐기로 인한 피해 금액도 마케팅 비용으로 인식해야 한다.

– 이때 홍보가 제대로 되지 않아 폐기되는 것들을 [ROI] 값에 대입하는 것이다.

브랜딩 없이는 신장 폐업으로 이어진다

"당신이 누구이고 당신의 브랜드가 무엇인지, 그리고 무엇이 당신스럽지 않은지 정의하라. 나머지는 그저 잡음일 뿐이다."

– 제프리 자카리안(1959~, 미국 유명 셰프, 방송인)

아주 오래전부터 한국 사람이라면 열 번쯤 들어봤을 법한 말은 "은퇴하면 치킨집이나 해야겠다.", "퇴직금으로 가게나 하나 운영해야지."이다. 그리고 이내 그 말은 현실이 되고, 꿈만 같던 창업은 폐업으로 이어진다. 필자의 주변에도 그런 분이 몇 명 있다. 그러나 요즘 나이 들어 은퇴하기 전에 한 살이라도 젊을 때 사업하겠다며 퇴직금과 은행 대출까지 받아서 장사를 시작하곤 한다. 이내 현실과 이상은 다르다는 것을 깨닫고, "하…, 회사 있을 때가 좋았지."라며 직원과 아르바이트생에게 "월급 받을 때가 좋은 거다."라며 푸념을 하곤 한다.

왜 사람들은 사업을 하는 것일까. 그건 아마도 주변의 친구나 지인이 사업으로 큰돈을 벌었는데 학창시절을 떠올려보면 나보다 못한 사람이 었기 때문에, 또는 직장 상사들이 너무 괴롭혀서 내 위에 아무도 없는 사 장이 되고 싶기 때문 아닐까…?

필자는 열일곱 살에 처음으로 사업을 시작했는데 내가 그때 장사를 시작한 이유는 정말 단순했다. 그냥 돈이 벌고 싶었고, 옷이 너무 좋았다. 중학교 시절부터 남들이 입지 않을 법한 옷들을 구매해서 입고 다녔는데, 신기하게도 필자가 코디한 패션들이 사계절이 지나면 유행이 되어 있었다. 이건 어린 시절의 생각이고, 제대로 표현하자면 필자가 선택한 옷가게의 사장님들이 워낙 뛰어난 패션 감각으로 시대를 앞서간 것이다. 자주 가던 옷가게 두 곳이 있었는데, 고등학생이 되면서 옷가게는 사라 졌다.

장사가 잘돼서 돈을 좀 벌었다면 다른 곳에서 재오픈했겠지만, 당시 지하상가의 소유권이 민간 기업에서 시로 넘어가게 되며 상인들과 시청

간의 분쟁이 있었던 것으로 기억한다. 필자와 같은 단골이 있다는 것은 아주 감사한 일이지만, 사실 장사나 사업을 한다는 것은 신규 고객이 계속해서 유입되어야 한다. 그저 매일 오는 손님으로는 입에 풀칠이나 할까, 성공적이라고 보기는 힘들다.

당시 필자의 쇼핑몰 이름은 닛뽄(일본) 스타일이 유행하던 시절이라, 일본어를 빗대어 느낌, 감, 감각, 감촉, 인상, 분위기 등의 의미로 '멋지다, 느낌 좋다.' 등의 언어로 사용했던 '간지'를 붙였고 키가 작은 사람들을 칭하는 '난쟁이'란 단어를 붙였고, 옷을 잘 입는 키가 작은 사람들을 지칭해 '간지 난쟁이'로 지었다. 당시에는 네이버 '지식in', '블로그', '카페' 등의 알고리즘이 그리 까다롭지 않았기 때문에, 질문과 답변, 추천 등을 업체에서 직접 올리고 답했다.

쇼핑몰을 운영할 때만 해도 '스몰 보이', '키 작은 남자' 등과 같은 쇼핑몰이 없었거나, 유명하지 않았었다. 하루 매출로 80만 원까지 달성했으니, 고등학생이 꽤나 성공한 셈이었다. 아버지의 반대, 대학 진학의 문제로 고등학교 2학년 말에 폐업하였지만. 지금 생각하면 별 것 아니지만 당시 필자의 나이와 주변 상황을 고려한다면 꽤 멋진 상호가 아니었나 생각한다. 겨우 200만 원으로 시작했기 때문에 다양한 물품을 판매할수도 없었고, 홈페이지 제작, 사진 촬영, 포토샵 등등 모두 필자가 직접

'Daum 카페'에서 보고 배워서 운영했다.

하지만 필자의 쇼핑몰은 재고가 남지 않았다. 꾸준히 판매되었고, 학생 신분으로 매일 서울과 부산을 다닐 수가 없었기에, 3~4일, 택배 도착까지는 주말 포함 최대 8일까지 걸리는 상품들을 예약받기도 했다. 요즘은 해외 배송, 공동 구매 등으로 보름까지 걸릴 수 있다는 것이 이해가 되지만, 당시는 고객들의 인내심이 그리 길지 못했다. 당일 배송은 상상도 못 하는 시절이지만 대부분 2~3일, 산간지방의 경우에 정말 길어야 5일이었고, 8일이란 시간은 배송이 느리다 못해 욕해도 이상하지 않은 기간인데, 필자의 고객들은 그 기간을 기다려주었다.

왜 기다렸을까, 필자의 옷이 정말 특이해서? 희소성이 있어서? 가격이 저렴해서? 뭐 나름 패션에 대한 자부심은 품었지만, 어차피 동대문 시장만 가도 흔하게 구매할 수 있는 옷이었다. 많은 재고를 가지고 있을 수 없었기 때문에, 인건비와 기타 경비를 생각하면 저렴한 가격에 판매할 입장도 아니었다. 그럼 왜 필자의 쇼핑몰에는 꾸준한 매출이 일어난 걸까 생각해보았다.

1. 당시 쇼핑몰이 많지 않았기 때문이다.
  - 하지만 그만큼 쇼핑몰에 대한 신뢰도가 낮았고 인지도 역시 그리 높

지 않았다. 따라서 구매자가 많지도 않았기 때문에 그 이유로는 타당하지 않다.

2. 다양한 채널에 많은 홍보를 했기 때문이다.

– 당시에는 스마트폰이 없었기 때문에, 하교 후 컴퓨터를 만지는 시간에만 홍보할 수 있었다. 그리고 광고 대행사 등이 있었을 수도 있지만 적어도 필자가 아는 지식으로는 당시에는 일반인이 접근할 수 있는 대행사가 없었고, 있었다 해도 광고비용 고려하고 예산으로 편성할 만큼의 사업 지식은 없었다.

3. 정말 사고 싶게 코디를 잘했고 사진 작업도 잘했기 때문이다.

– 당시 생각으로는 아마 이게 가장 유력한 이유가 아니었을까 생각했으나, 매번 시즌이 지나고 홈페이지와 상품을 업데이트할 때면, 정말 손발이 오그라질 만큼 부끄러운 실력이었다.

그렇다면 정답은 어디에 있었을까? 필자의 고객층은 나와 같은 고등학생이거나, 20대 초반의 대학생들이었다. 지금은 어떨지 모르겠지만, 그 당시에는 옷의 기장이나 치수를 부모님이 맞춰주셨다. 하지만 필자의 쇼핑몰은 집에 있는 자신의 상의에 적힌 치수를 적어주면 그에 맞는 옷으로 보내주었고, 하의는 사진과 함께, 본인의 바지 길이를 허리 끝에서 하단 기장까지 cm로 재어 기재해주면, 필자가 보고서 알맞게 수선해서 보내주었다.

즉, 어렵고 모르는 문제를 내가 해결해주었고, 새 옷을 받아 다시 수선해야 하는 귀찮음을 덜어주었고, 옷을 받고 바로 입을 수 있도록 하여 구매에 대한 만족도를 제공한 것이다. 사실 필자의 큰 어머니께서 우리 집 바로 앞에서 수선집을 운영하셨다. 남들은 4~5천 원 받던 수선비를, 필자는 1~2천 원만 주고서 할 수 있었기 때문에 가능했던 일이다.

어릴 적부터 필자가 잘나서 그런 마케팅을 했다고 자랑하는 것이 아니다. 마케팅에 대한 지식이 생기고, 정말 사업다운 사업을 하고서 어린 시절을 회상하니, 돈 주고도 만들 수 없었던 나만의 브랜드를 만들어낸 것이다. 그리고 그때의 경험으로 필자는 고객의 불편을 최소화하는 데 집중했고, 다수가 희망하는 부분은 무엇일까 고민하기 시작했다. 하지만, 어린 시절 멋모르고 시작했던 나의 쇼핑몰이 완성되는 것보다, 기본 지식과 마케팅의 원리 · 원칙을 알고서 구상해낸 마케팅들은 단 하나도, 그때보다 성공적이지 못했다.

슬럼프에 빠지기 시작했다. 뭔가를 생각할 때면 머리가 지근거렸고, 21시 퇴근을 원칙으로 하던 내가 점점 20시, 19시, 18시에 조기 퇴근을 했고, 술에 빠져서 헤어나오지를 못했다. 당시에는 내가 사장이 아니었다는 점에서 "굳이, 월급 받는 내가 남의 회사 마케팅까지 걱정하고 고민해야 하나?"란 미련한 생각을 했고, 이내 실적은 이전 분기 대비 평행선을 유지했다. 스카우트되어 입사했을 당시, 매출이 약 400% 수직 상승했으나, 이후 더 이상의 상승곡선을 유지하지 못했고, 슬럼프에 빠진 나는 제대로 된 생각은커녕 영업에도 지장이 오기 시작했다.

이내, 나의 급여와 수수료가 줄어들었다. 당시 월 400만 원 이상을 벌어야, 대출금 상환을 비롯한 최소한의 생계유지가 가능했다. 어느 날 은행에서 전화 한 통이 걸려왔고, 나는 이내 신용 불량자가 되었다. 공식적으로는 생에 첫 신용불량이었지만, 잘못된 선택으로 약과 술, 유흥과 도박에 빠져 살았던 부끄러운 내 과거, 아들 하나 살려보겠노라 도와주신 어머님과 큰이모의 도움으로 간신히 신용불량을 면했던 나로서는 두 번째였다.

그 충격으로 몇 달간의 방황을 끝내고, 상권 전체를 둘러보았다. 대학교 주변이었고 도로변 식당과 커피집이 많았고, 안으로 들어오면 술집 거리가 있어 상권이 둘로 나뉘었는데, 우리 매장은 도로변에서 술집 거리로 들어오는 초입 각지에 자리했었다. 회사에서 운영하던 커피숍이 내가 근무하던 매장과 숍인숍으로 운영되었는데, 오픈 당시 브랜드 유명세로 장사가 잘되었다. 흔히 '오픈 빨'이라고 한다. 여름에 오픈해, 겨울이 되자 이내 매출은 하락세를 보였고 아르바이트생 세 명을 내보내고 우리 매장에서 인력을 지원해주는 형식으로 운영되었다.

모든 요소를 따져볼 때, 도로변의 손님을 골목으로 끌고 오는 것 외에는 딱히 돌파구가 없었고 이내 나는 커피 쿠폰과 텀블러를 제작해서 매장의 멤버십 클럽을 만들어 운영했다. 손님에게 나가던 판촉물을 전부 없애고, 딱 커피 30잔 쿠폰과 텀블러 한 개만을 제공했다.

매출은 다시 상승하기 시작했고 커피숍 역시 다시 아르바이트생을 모집해 두 개 매장이 정상화되었다. 맛이 달라지거나, 제품의 품질이 달라지거나, 판촉에 투자한 것이 아니다. 그저 멤버십을 만들어 구매 고객에게 판촉물 대신 쿠폰을 증정했고, 그 쿠폰을 이용해 꾸준한 내방을 유도했다. 서른 잔의 커피는 고객들의 입맛을 돌려놓게 되었고 커피를 마시러 온 손님들이 자연스레 매장으로 유입되며, 북적이는 커피숍에 신규 손님이 오는 것은 당연한 일이었다. 4개월이 채 되지 않아 아르바이트생의 인건비 타산이 맞지 않았던 커피숍의 매출은 다시 오르고, 하락 선을 타던 매장의 매출은 140% 상승했다.

'장사 안되는 숍인숍 매장'은 '사람이 북적이는 커피를 주는 매장'으로 브랜딩에 성공했고, 큰 투자 없이 두 개 매장이 살아난 것이다.

최적화된 '특별한' 마케팅이 필요하다

"절대 서비스와 혁신을 대신해 가격으로 경쟁하지 마십시오."
– 마윈(1964~, 중국, 알리바바 창업주)

디마케팅(Demarketing), 고객의 수요를 기업이 의도적으로 줄이는 마케팅 기법을 뜻한다. 이는 필립 코틀러가 1971년에 처음 사용한 마케팅 방법이다. 노이즈 마케팅이라고도 하는데 마케팅에 조금만 관심을 가진다면 '파타고니아'의 광고가 '디마케팅'의 좋은 사례이다.

2011년, 블랙프라이데이 시즌에 파타고니아는 "Don't buy this jacket."

이라는 문구와 함께 자신들의 재킷과 로고를 삽입한 이미지를 띄워 광고를 했는데, 이것을 단순히 해석하자면 "이 재킷을 사지 말라."는 뜻이다. 옷을 판매하는 기업이 자신들의 재킷을 사지 말라니, 이해할 수 없는 문구지만 마케팅적인 측면에서 해석하자면 옷을 수선하며 재활용하는 것을 통해 충분히 환경문제를 해결할 수 있다는 메시지를 담았고 환경과 관련된 기업의 브랜드 철학을 위주로 마케팅을 이어갔는데, 소비자들이 사회적 가치를 고려하기 시작하며, 파타고니아의 매출은 상승하기 시작했다.

국내의 사례는 SK텔레콤의 광고를 예로 들 수 있다. "또 다른 세상을 만날 때는 잠시 꺼두셔도 좋습니다." 자신들이 판매하는 핸드폰의 전원을 꺼도 좋다고 했다. 그리고 이것을 해석하자면, '고객의 귀한 시간이 기업의 이익보다 소중하다.'라는 메시지를 담고 있다. 이로 인해 SK텔레콤은 고객들에게 신뢰를 얻으며 업계 1위를 달성했고, 현재까지도 국내 1위 통신사로 자리 잡고 있다.

디마케팅의 전략은 크게 3가지로 나누어 생각할 수 있는데, 첫째, 기업의 단점을 인정하고 고객들과 소통하기 위함이며, 둘째는 안티 여론이 형성됨에 따라, 그 여론을 이용해 긍정적인 여론을 확장하기 위함이다. 셋째, 제품을 사용하는 고객층을 분류하여 나이 또는 성별을 제한함으로, 고객 간의 커뮤니케이션 또는 특별한 느낌의 여론을 형성하기 위함이다.

필자가 사용했던 배너 문구 중 "마지막에 방문하는 집"은 안티 여론은 아니지만, 고객들의 구매 패턴을 파악하고 그것을 역이용한 것이고, "시내 온 지 20분 안 된 손님 안 받음"이라는 문구는 방문하는 고객층을 분류해 특별한 느낌이 들게끔 유도한 것이다. 그리고 이것을 직역하자면, "제일 먼저 방문하는 집", "우리 집이 제일 저렴합니다. 비교할 필요 없어요."가 되는데, 다른 문구지만 자신감을 토대로 한 똑같은 의미임을 알 수 있다. 그러나 직역한 문구를 광고로 사용하기에는 노골적인 느낌이 강해서 보는 이로 하여금 호기심보다는 불쾌함을 줄 것이다.

그리고 필자의 문구에는 가격에 대해 언급을 하지 않았으나, 저렴하다는 인식을 주었다. 마케팅은 어디까지나 기업의 철학과 제품 본연의 특성에서 기획되어야 한다. 특별하거나, 혁신적이라는 단어는 새로운 것을 의미하는 것이 아니라 이미 소비자들에게 익숙한 생각, 감정, 패턴으로 접근해서 조금의 변화 또는 추가하는 것으로 완성해야 한다. 제품을 예로 들자면 삼성전자의 '가로본능' 핸드폰은 당시 DMB 기능에 최적화된 단말기로 당시 핸드폰 중 네 번째 시리즈까지 출시된 인기 제품이었다. 그리고 최근 LG전자와 삼성전자의 엇갈린 마케팅을 생각해보면 특별함과 혁신을 좀 더 쉽게 이해할 수 있을 것이다.

필자가 책을 집필하는 현재, LG전자는 스마트폰 사업에서 철수하는 것으로 공식 발표를 마쳤다. 95년 화통이라는 브랜드로 시작해서 프리웨이, 싸이언, 프라다폰, 옵티머스 등의 걸작을 많이 만들어냈지만 G시리즈와 V시리즈가 나오게 되면서 점유율과 판매량은 급격히 떨어졌는데, 마케팅에 실패한 것이라고 보면 맞겠다. 또한, 롤러블 TV를 만들어내며 스마트폰에도 적용되는가 하는 기대로 LG의 역전을 기대했으나, 뜬금없이 '윙 Wing'이라는 제품을 출시하며 15년 전의 '가로본능'을 스마트폰 버전으로 출시하며 결국 사업을 철수했다.

우선, 필자는 개인적으로 LG라는 기업을 좋아한다. 실제로 피처 폰 시절에는 가로본능이 나오기 전까지 싸이언만 구매했고, 옵티머스 뷰로 시작해 V50까지 LG 폰을 구매했다. 그러나 이건 개인적인 취향이고, 다시 기업의 마케팅적 측면으로 이야기하자면 이는 분명 시대를 거스르는 제품으로 결국 '사업 철수'를 택한 것이 아닐까? 조심스레 생각하는데, 반대로 삼성은 '세로형 라이프 스타일 TV' 등의 마케팅을 선보이고 있다.

두 기업의 마케팅을 분석해보면, LG의 경우에는 편의성과 스펙을 중점으로 '쓸모 있는 제품'을 만들기 위해 노력했고, 삼성은 스마트폰의 필요성과 그에 맞는 옵션을 중점으로 '필요한 제품'을 만드는 데 노력한 것이다. 대표적인 예로, '갤럭시 노트 시리즈'와 스마트폰과 태블릿을 하나로 합친 '폴더블 폰', 커져만 가는 스마트폰의 크기를 호주머니에 넣을 수있도록 휴대성에 집중한 'Z플립'이 있다.

그렇다면 '쓸모 있는 제품'과 '필요한 제품'의 차이는 무엇인가? LG 제품들은 대부분 실용성을 기반으로 부족함을 채우고, 불편함을 덜어주기 위해 집중했다. 배터리가 일체화되며 교체의 불편함을 느끼는 고객들을위해 배터리 탈부착이 가능한 G5를 만들었고, 삼성전자의 폴더블을 견제하기 위해 V50이라는 제품에 듀얼 스크린을 제공했는데, 다음 시리즈로이어지지 못한 채 모두 실패작으로 끝나고 말았다. 소비자가 느낄 부족함과 불편함에 집중했다는 LG전자의 마음만큼은 정말 높게 평가하고 싶다.

그리고 삼성 제품들은 기존에 존재하는 물건들을 하나로 조합하기 시작했다. 공책과 연필을 모델로 만들어진 '노트'시리즈는 현재, 열 번째(시리즈 넘버 20)까지 출시가 되어 있으며, 없어질 수 있다는 루머에 소비자들이 아쉬움을 연신 나타내기도 했다. 또한, 태블릿을 가지고 다니는 사람들을 겨냥해 핸드폰을 펼치면 태블릿과 맞먹는 화면 사이즈로 변하는폴더블은 고가의 제품임에도 불구하고, 현재 시리즈 3을 기다리고 있다.
또한, LG의 롤러블 TV는 1억 원 상당의 고가 제품으로 부유한 고객을 타깃으로 하여 미적 감각과 기술적 요소가 집약된 최고의 TV임이 분명하지만, 시대적 흐름을 제대로 읽지 못해 판매량이 저조한 것으로 알려졌다. 그러나 삼성의 세로 TV는 SNS 콘텐츠들의 유행에 맞춰 큰 화면으로 애플리케이션을 즐기거나, 스마트폰과 연동해 사용하는 등의 콘셉트가 MZ세대를 제대로 겨냥해 출시되었고, 성공적으로 개인을 넘어 전시용 화면(POP)으로도 많이 사용되고 있다.

국내 최대의 그룹에서 기술력이나 자본이 부족했다고 말할 수 없다. 물론 삼성이 더 앞서긴 하겠지만 마케팅만 제대로 기획되었다면 LG의 자본이면 삼성을 추월하는 것도 불가능한 일은 아니다. 이처럼 두 기업은 똑같은 혁신과 특별함을 제공하였지만, 마케팅에 실패하면서 결국 삼성은 국내 유일 스마트폰 제조회사(중소기업 제외)로 남았고, LG전자는 사업을 철수하게 된 것이다. 그만큼 마케팅은 기업이나 상품에 중요한 요소이다.

특별함을 위해서는 포기하는 것도 마케팅의 전략이다. 흔히 40대 아주머니들이 많이 신고 다니는 'W' 마크, 이는 LS그룹의 프로스펙스 사의 'Walking(이하 W) 프로젝트'였다. 흔히 스포츠용품이나 의류 브랜드를 떠올리면 당연히 나이키와 아디다스를 생각한다. 그중 프로스펙스는 추억 속의 국내기업으로, 사실 프로스펙스를 모르거나 없어졌다고 생각하는 사람도 많다. 하지만 우리 곁에 'W' 운동화로 많은 소비자를 보유하고 있다. 사회적으로 걷기 운동이 이슈가 되었고, 소득 증가에 따른 국민의 여가 생활 비중이 높아졌고 이때 프로스펙스는 나이키와 아디다스 속에서 틈새시장을 공략하기 위해서 W 프로젝트에 착수했다.

40대 여성이 주로 걷기 운동을 스포츠로 여기고 의복과 신발을 갖춘다는 것을 파악해 타깃을 선정하고 달리기를 위한 러닝화가 아닌 걷기를 위한 워킹화로 마케팅에 성공한 것인데, 프로스펙스는 익사이팅 스포츠 시장과 프로스펙스라는 브랜드 네임을 포기하면서 'W'라는 브랜딩으로 시장에 안착하며 우리 곁에 남아 있는 것이다.

이처럼 독특하거나 새로운 무언가를 만들어내기보다 익숙함을 통해 특별한 마케팅을 만들어야 성공한다. 그리고 제품을 만들어 마케팅을 기획하는 것은 늦다. 어쩌면 마케팅은 제품 개발 이전에 기획되어 마케팅에 맞추어 제품이 개발되어야 한다 해도 과언이 아니다. 최소한 제품 개발과 마케팅은 동시에 진행되어야 한다. 따라서 상품과 기업의 가치를 만들기 위해서는 마케팅의 원리를 정확하게 파악하고 접근해야 성공한다. 새로운 제품을 생산하고 광고만 하면 무조건 팔리던 시대는 지났다. 이제는 세상에 존재하는 모든 것을 특별한 마케팅으로 기획하는 것이 최우선이며 유일한 성공 방법이다.

온라인 마케팅 채널의 특징을 살려 브랜딩하라

"마케팅은 제품의 싸움이 아니라 인식의 싸움이다."

– 잭 트라우트(1935~2017, 미국 기업가)

마케팅하려고 마음먹으면 가장 먼저 검색을 통해 경쟁사를 찾아보거나, SNS 등에 올라오는 동종업체들을 비교해보곤 하는데, 혼자서는 도저히 감이 잡히질 않아 마케팅·광고 업체와 상담을 하다 보면 더욱 복잡해지는 결과를 마주하게 된다.

"대표님, 요즘 인스타…. 틱톡…. 구글…. 어쩌고저쩌고…. 유명 유튜버 섭외하는데 블라블라…."

상담을 진행해보면 꿈만 같은 결과가 나타날 것 같아 기분이 좋아진다. 물론, 이 말을 듣기 전까지는 말이다….

"대표님, 생각해두신 예산은 어느 정도 되실까요?"

– 음, 그래 중요한 것은 예산이지!

"얼마 정도 예산으로 시작하죠? 하게 된다면 장기간 팀장님과 계약하고 진행하고 싶습니다."

– 이내 나의 꿈을 처참히 무너트리는 담당자의 답변

"예산은 월 300~ 1,500 정도 하는데, 월에 50만 원 정도씩 6개월로 계약하기도 합니다."

– 뭐…. 월 300, 1,500;;?

"아 네, 월에 50만 원이면 어떤 식으로 진행될까요?"

– 내가 인마 영업 짬밥이 인마 어!?

"50만 원으로 진행되는 경우에는 세팅 비용이 100만 원 별도 있습니다~."

우선 대부분이 높은 금액을 듣고서 좌절하곤 하는데, 혹여나 진행한다고 해도 좋은 성과를 본 업체는 적어도 내 주변에서는 없었다. 누차 이야기하지만, 내 상품을 잘 아는 업체를 만나도 성공할까 말까 하는 마케팅을 그저 전문용어 몇 가지, 알고리즘에 맞는 글쓰기를 좀 한다고 성공하는 것이 아니기 때문이다. 물론 운 좋게 광고하기 전과 비교해 매출이 오를 수는 있지만, ROAS를 분석하면 최악인 경우가 99%다.

제대로 된 마케팅이 기획되려면 마케팅 믹스를 적절히 사용해야 하는데 기껏 상담 몇 번에 그것들이 정확하게 분석될 리 없고, 분석하는 업체도 없다. 마케팅 대상 상품이나 기업에 종사하는 사람이 아니라면 최소 몇 주에서 몇 달에 걸쳐서 그것을 고민하고 분석해야 하는데, 그게 단 몇 시간, 며칠 만에 마케팅 믹스가 적용된다는 자체가 사기다.

[마케팅 믹스]
4P - Product(제품), Price(가격), Place(유통), Promotion(촉진)
4C - Customer value(고객 가치), Cost(비용), Convenience(편의성),
    Communication(커뮤니케이션)

4P에 〈People(사람), Process(전달방식), Physical Evidence(물리적 증거)〉 3가지가 더해져 7P로 정의하기도 한다.

온라인 마케팅을 위한 채널을 선정에는 마케팅 믹스에 대한 분석과 적용이 중요하게 작용한다. 하지만, 대부분 일반인이 접하는 대행사는, 마케팅을 대행하는 '마케터'보다, 광고를 진행하는 플랫폼을 대신 운용해주고 적용하는 '광고 기술자'라고 하는 것이 맞다 생각한다.

우선 마케팅 채널(광고를 진행할 SNS 플랫폼)을 선정하는 데 있어서 나의 상품과 기업에 대한 고객층이 주로 어떤 SNS를 이용하는지 분석해야 한다. 그리고 대부분 가격이 저렴하며, 누구나 필요한 생필품이거나, 정말 어디에도 없는 특별함이 있지 않다면 광고 페이지 또는 뉴스피드 하나만으로 구매나 방문으로 이어지기가 힘들다. 그 특별함이 있다고 해도, 단순히 많은 노출만으로 소비자에게 비추어져, 구매나 방문으로 이어진다는 생각은 위험하다.

모든 채널에 노출되는 것은 구매 확률을 높이는 데 도움이 되겠지만, 효율적인 마케팅을 하기 위해서는 채널이 가진 특징을 올바르게 이용하고, 내 상품과 기업에 적합한 채널을 선택해서 집중적으로 운용해야 한다. 하지만, 대부분의 사장님은 주변의 성공사례 또는 대행사의 영업, 광고, 마케팅 등을 신뢰하며 의존한 채로 경쟁업체에 좋은 실패 사례를 제공하는 것이다.

우선 인스타그램, 페이스북, 유튜브, 틱톡, 구글, 네이버 블로그·카페 등 다양한 플랫폼 중 내가 가장 먼저 시작해야 하는 것은 어떤 플랫폼일까에 대해서 고민하고 일차적인 결과를 예측할 수 있어야 한다.

인스타그램 : 정확한 정보를 담기보다 사람들에게 짧고 강렬한 메시지를 담거나 아름답고 흥미로운 이미지를 통해서 정보를 공유하고 공감대를 형성하며, 신뢰도를 쌓은 후 판매까지 이어진다. 상품이나 매장을 알리거나, 사용 방법, 응용 가능한 상황, 일상 등을 콘텐츠로 제작해서 공유하며 팬층을 형성하여 접근해야 한다. 단기간에 온라인으로 제품을 판매하기 위해서 메인 채널로 응용하기에는 부적합하다.

인플루언서 : 팔로워 수에 따라 분류되고 비용을 책정하며 메가, 마이크로 2가지로 분류하는데, 큰 기업이 아니라면 마이크로 인플루언서(팔로워 약 1만~10만 명) 다수와 계약하여 광고하는 것이 효율이 높은 편, 대부분 기업에 소속되지 않고 개인 프리랜서가 많아서 금액도 저렴한 편이다.

페이스북 : 페이스북은 개인 계정보다는 페이지나 그룹을 이용해서 소비자들과 소통하는데, 우리나라에서는 상업적 용도보다는 단순 정보공유 커뮤니티가 많이 활성화되어 있다. 이미 잘 운영되고 있는 그룹이나 페이지와 제휴 또는 협찬을 통해서 광고를 진행한다. 업체의 페이지나 그룹은 상업적 느낌을 주어, 효과를 보기가 어렵고 아이템과 알맞은 커뮤니티를 이용해야 한다. 반려동물 커뮤니티에서 고양이 캣타워가 불티나게 팔린다. 하지만 단순히 팔로워가 많은 페이지, 그룹에 캣타워를 광

고한다면 비용대비 효과가 떨어진다.

유튜브 : 채널을 만들어 확장하기 위해서는 유익한 정보를 전달하거나, 재밌고 흥미로운 콘텐츠를 제작해야 한다. 따라서 시간이나 인적 자원이 중요하게 적용되기 때문에 마케팅 부서가 따로 없다면 유튜버들의 협찬을 통해서 광고하는 것이 효과적인데, 나의 상품이 전국 단위로 판매되거나 기업이 광고되어야 하는 것이 아니라면 되도록 진행하지 않는 것이 좋다. 장기적으로 꾸준히 콘텐츠를 제작할 수 있는 여건이 된다면 브랜딩에 큰 역할을 할 수 있다.

틱톡 : 숏 폼 비디오 플랫폼으로, Z세대를 겨냥한 상품이나 기업에 적합하다. 짧은 영상을 통해 상품을 직접 설명하거나 피팅해서 판매를 유도할 수 있도록 최근 라이브 커머스 기능을 추가한다고 하니 미리 대비해두는 것도 좋다. 현재는 인스타그램을 영상화한 것과 큰 차이가 없어서, 영상으로 브랜드의 철학, 상품의 가치 등에 대해 소통하며 상품과 기업을 알리는 데 사용한다.

구글 : 검색 광고와 디스플레이 광고를 진행하며 '티스토리'란 블로그 형태의 플랫폼이 존재하지만, 사실 우리나라에서 광고 플랫폼으로 사용하기에는 적합하지 않다. 대다수 광고의 품질이나 구성이 크게 화려하거

나 깔끔하지 않기 때문에 1차 노출만으로 성과를 기대하기는 어렵지만, 빅데이터 기반의 알고리즘이 정확하여 리타깃 효과는 높은 편이다.

네이버 : 우리나라에서는 단연 최고의 포털이다. 블로그, 카페, 플레이스 등 다양한 기능이 있으며, 각 업종의 특성별로 하나쯤은 필수로 운영되고 있는데, 모든 SNS를 통해 마지막에 유입되는 경우가 많아서 고객들의 최종 구매, 방문 의사결정에 높은 비중을 차지한다. 다른 SNS로 고객의 이목을 끌었다면, 네이버에서 신뢰감을 제공하는 방식과 네이버를 통해 타 플랫폼으로 유도하는 때도 있는데 이는 업종마다 순서와 단계가 다르다.

우선 내 상품과 기업의 가치를 파악하여 정확한 마케팅을 기획해야 한다. 그다음이 광고 채널의 선정이다. 이때 온라인 마케팅 채널의 특징을 파악하여 나의 마케팅에 알맞은 전략을 구성해서 진행해야 한다. 어떤 상품에는 인스타그램이 알맞을 것이고 또 어떤 기업에는 구글 디스플레이 광고가 정답일 수도 있다. 어떤 것을 운영해야 할지는 반드시 기업의 대표 또는 담당자가 그것을 공부하고 분석해서 플랫폼을 선정하고, 전체적인 운영을 이해할 수 있는 수준이 되었을 때 광고사와 상담하고 의뢰하는 것이 옳다.

SNS 하나로 절대 성공하지 못한다

"브랜딩이란 알게 하고, 좋아하게 하고, 믿게 만드는 예술이다."
– 존 쟌스(1960~, 미국 마케팅 컨설턴트)

미국의 위대한 심리학자 매슬로우(1908~1970)가 분류한 인간의 욕구 5가지는 생리적, 안전, 관계, 존경, 자아실현으로 분류돼 있다.

생리적 욕구 – 숨을 쉬는 것부터 식욕, 졸음, 배설, 섹스까지 인간이 살아가며 가장 기본적으로 행하는 모든 것을 의미한다.

안전의 욕구 – 오래전, 사람은 들짐승이나, 맹수들로부터 자신을 지키고 싶은 욕구로 시작되어, 감정적, 경제적, 개인의 의사에 대한 모든 부분의 위험에서 보호받는 것을 원한다.

소속의 욕구 – 안전의 욕구가 충족될 때, 사랑과 애정에 대한 욕구가 발생되어 가족을 이루고 싶은 욕구가 생긴다. 직장과 동아리 등을 통한 집단에 속하는 소속의 욕구, 친한 친구들이 있는 집단에 소속되고 싶어 한다.

인정의 욕구 – 타인으로부터 인정받고, 자신의 명예와 권력에 대한 가치를 높게 인정받기 원하며 나아가 개인의 역량을 높게 하거나 특정 분야의 전문성, 자립심, 자신감 등의 자존감을 발생하게 한다. 이는 다른 말로 타인에게 존경받고 싶은 욕구를 뜻하기도 한다.

자아실현 욕구 – 모든 단계가 충족되면, 자신에 대한 잠재력을 끌어내고, 원하던 이상이나 실현하고 싶었던 생각, 상상 등을 현실로 만들기 위해서 노력하는 욕구를 의미한다.

이 5가지 욕구는 결국, 이상적이고 바람직한 삶을 살아가는 데 필요한 욕구들인데, 이것을 마케팅적으로 생각해보면 참 단순한 원리를 깨닫게 될 것이다.

'**생리적 욕구**'에 대해서는 기본적으로 상품과 서비스가 제공하는 가장 기본적인 게 무엇인지를 파악해야 한다. '고객들이 이 상품으로 얻게 되는 최소한의 가치'를 어필하는 것이다.

다음으로 '**안전의 욕구**'란 단순한 해석으로 제품의 안정성이나, 사용 시 주의사항 등을 뜻하지만 마케팅 적 측면에서는 고객들의 감성, 감정, 경제적, 심리적 보상과 만족을 고려하는 것이다. 고객들이 상품이나 서비스를 두고서 겪게 될 '내적 갈등을 긍정적 반응'으로 유도함으로 그들의 고민을 덜어주는 것이다.

'**소속의 욕구**' : 다양한 사람들이 공감할 수 있는 콘텐츠나 활동을 통해 상품 또는 기업에 대한 팬층을 만들고 가능한 많은 곳에 노출되면 신규 고객의 유입은 큰 노력 없이도 가능해진다. 그리고 이 욕구들은 요즘의 SNS를 만드는 데 크게 작용했다. 그런 SNS를 통해서 소속의 욕구를 충족시키려면 무엇을 할지 고민해보면 답은 이미 정해져 있다.

'**인정의 욕구**' : 자신이 선택한 상품과 기업의 가치가 높게 인정받는 것은, 자신의 소비에 대한 또 다른 만족을 제공하는 것으로, 나의 상품과 기업을 주변에 알리기 시작한다. 스스로가 느끼게 된 상품과 기업의 잠재 가치에 대해서, 그것을 주변에 알리고 인정받고 싶은 것이다.

'자아실현 욕구' : 위의 모든 욕구가 충족된 기존 고객은 이제 나의 상품과 브랜드에 대한 모든 욕구를 충족하였기 때문에 이후 구매, 계약, 방문 단계에서 무한한 신뢰를 느끼게 되어 재구매를 통한 단골, 골수 고객이 되는 것이다.

필자가 이 5가지 욕구를 이해하는 데 최소 2년이라는 시간을 흘려보냈다. 그리고 이내 그 욕구들을 이해하면서 그렇게 많은 돈을 들여 진행했던 마케팅과, 온 열정과 시간을 투자해서 운용했던 마케팅이 왜 실패했는지 충분하게 이해할 수 있었다.

"우리랑 동갑내기인데, 농사지어서 빌딩 짓고, 자산이 수십억이란다."

한때 필자의 나이 또래들에게 돌던 소문인데, 헛소문은 아니지만 100% 정확한 것은 아니었다. 그래도 빌딩을 짓고 수십억 자산을 가진 것은 사실로 알고 있다. 여기서 잘못된 내용이란 것은 농사를 지은 것이 아니었다는 것이다. 그는 각지의 특산물들을 발품 팔아 유통을 했고 온라인을 통해 판매했다. 그리고 해당 업체는 여러 개의 SNS를 이용하기보다 네이버 스마트스토어 채널만을 이용해서 점점 규모를 확장했는데, 필자의 직접적인 지인은 아니기에, '대표'라는 호칭으로 이야기를 이어가겠다.

우선 동갑내기 대표는 일차적인 생리적인 욕구를 '먹거리'라는 상품 자체로 만족시켰고, 안전의 욕구에 대해서 '친환경', '직접 검수'라는 콘셉트의 마케팅을 진행했는데 여기서 핵심은 '바다의 아들'과 같은 콘셉트로 직접 배에 올라 사진을 찍어 올린 것이다. 그것은 분명히 안전의 욕구에 대한 신뢰감을 제공했다.

그리고 업체 이름에 '대한민국'이라는 이름을 넣었는데, 나라의 이름을 업종에 붙이게 되면 식상한 느낌, 촌스러운 느낌으로 역효과를 볼 수도 있지만 우리나라 사람들이 좋아하는 '국내산'을 어필하며 농수산물과 잘 조화되었기에 온 국민이 희망하는 국내산 먹거리는 충분히 소비자들에게 '소속의 욕구'에 대한 충족을 가능케 한 것이다.

그리고 먹음직스러운 음식으로 조리된 사진, 특별한 것 같은 상품의 설명으로 구매자에게 자신의 선택을 한층 더 만족스럽게 만들어주었다. 그만큼 만족스러운 품질을 제공했고 실제 긍정적인 후기를 모아 각 SNS를 통한 바이럴 마케팅까지 적절히 응용하며, 소비자들에게 인정의 욕구를 만족시켰다.

이 모든 단계를 지나며, 자연스레 고객들의 자아실현 욕구를 충족시켜준 것인데, 상품의 사진과 설명, 광고를 보고 구매했을 때 만족스러운 상품을 배송했고, 음식이나 레시피 등을 간접적으로 비춰 그들이 원하는 음식(자아)에 대한 상상을 유도하며 동시에 자아실현 욕구까지 충족시켜 준 것이다.

동갑내기 대표의 상품 선정 그리고 사업 시작까지 모든 부분을 마케팅적인 측면에서 평가할 때 100점 만점에 100점짜리 마케팅 기획이었다. 대표가 의도적으로 기획한 것인지는 필자도 알 수 없다.

하지만 분명한 것은, 해당 업체의 마케팅에서 단 하나의 요소가 빠져 있었다면 소규모 쇼핑몰에 그쳤을 것이다. 이처럼 마케팅의 기획이 확실하다면 하나의 채널만으로도 충분히 성공할 수 있다. SNS 없이도 충분하게 기업의 역량을 키울 수 있었고 그 후 확장하기 위한 채널로 SNS를 응용한 좋은 사례이다.

하지만 분명히 상품과 업종에 따라서 하나의 SNS만으로 어려운 경우가 대부분이다. 특히 개인 업체, 소규모 매장, 중소기업의 상품 등은 더욱 그렇다. 수많은 경쟁업체가 존재하며, 대기업의 상품과 조금이라도 닮아 있다면 외면당하기 딱 좋다. 그럴 때 우리 대부분은 가격으로 경쟁한다. 나보다 잘 팔리는 대기업과 경쟁업체는 더 비싸게 판매해도 장사가 잘되는데, 왜 나의 상품과 매장은 저렴하게 판매해도 그들만큼 판매하지 못하는 걸까?

"결국, 있는 놈들이 더 잘사는 세상…."

"나도 돈만 있으면 SNS 관리해줄 직원 뽑아서 마케팅해보고 싶네!"

"매출만 좀 오르면 광고사들 연락해서 네이버, 인스타그램 대행 맡기면 매출이 오를 텐데!"

사실 틀린 말 아니다. 맞는 말이다. 돈만 있으면 다 된다. '적어도 제대로 된 사람이 마케팅한다면!' 하지만 일반인들이 하기에는 부담되는 것이 사실이다. 그래서 인스타그램 또는 네이버 블로그 중 자신이 운영하기 편한 채널을 골라서 열심히 운영하는데, 생각보다 그리 쉽지 않다. 팔로워는 오르지 않고, 조회 수도 오르지 않는다.

"대표님, 저 팔로워 5천 명이 넘어요. 블로그 게시글 '좋아요'가 100개 넘거든요? 그런데 왜 손님이 안 올까요? 왜 판매가 안 될까요?"

첫 미팅 약속을 잡고서 각 업장의 사장님들을 만나면 대부분 비슷한 질문을 한다. 그리고 그들의 SNS에 접속해보면, 죄다 상품 사진과 이야기, 매장에서 찍은 셀카, 손님들의 풍경으로 방문과 동시에 '저 사장님입니다.' 하며 알려주고 있다.

필자의 인스타그램은 사업과 관련이 없는 내용으로 가득하다. 아니, 아예 필자의 사업에 관한 내용은 단 하나도 없다. 그러나 광고는 네이버, 인스타, 페이스북 모두를 응용하고 있는데, 그렇다고 사업이 어려워지거나, 매출이 떨어지지는 않았다.

열 평도 안 되는 매장에 월 30~60만 원 정도 광고비를 지출하며, 하루 평균 문의 전화 3~6통과 일 평균 계약 건수가 1.5건이다. 오프라인 방문객을 제외한 수치다. 높은 수치는 아니다. 그러나 해당 매장은 필자가 최소한의 마케팅 비용만으로 얼마큼의 수익을 낼 수 있을지 궁금해서 운영해보았다. 1인 근무 매장이며, 한 건 계약에 약 30~50만 원 수익을 고려해 지출대비 매출을 계산하면 약 2,300%다.

일평균 계약 1.5건 × 영업일 24일 = 36건 × 평균 수익 40만 원 = 1,440만 원

매출 1,440만 원 − 월 마케팅 비용 60만 원 = 1,380 ÷ 60 = 23 × 100 = 2,300%

모든 업종에서 성공적이진 않을 것이다. 그러나 상품과 기업을 정확하게 파악해 마케팅을 기획했고, 필요한 플랫폼을 선택해서 적절한 금액을 지출하면서 최대의 성과를 뽑아낸 것이다. 필자는 SNS를 선택하는 것보다 중요한 것은 SNS를 운영하기 전에 정확하게 기획하고 전략적으로 접근하고 단계별로 확장하는 것이라고 생각한다.

플랫폼 선택이 승부를 가른다

"고객과 만나는 15초 동안 기업의 운명이 결정된다."
- 얀 칼슨(1960~, 스칸디나비아항공 前 CEO, 기업인)

요식업계에 종사하는 사람들의 인스타그램을 보면 정말 괴로울 때가 많다. 특히 요즘 필자는 음주를 줄이기 위해 부단히 노력하고 있는데, 맛있는 회, 삼겹살, 치킨, 파스타 등의 사진을 보면 정말 유혹을 뿌리치기가 힘들다. "먹으면 되지!"라고 하겠지만 이상하게 저녁에 무언가를 먹으면 꼭 술을 찾게 되는 습관을 고치기 위해서, 저녁은 되도록 가볍게 먹으려고 노력한다. 내가 이런 답변을 하면 "낮에 먹어."라고 이야기하겠지만, 음식은 되도록 천천히 맛을 음미하며 먹어야 한다. 그것도 비싼 음식 일수록 급하게 먹으면 음식 본연의 맛을 잃게 되고, 한때 밥 먹는 시간도 아까워 김밥을 손에 들고 다니며 먹었던 경험을 한 후로 시간에 쫓겨 먹는 것을 그리 좋아하지 않는다.

요식업에 종사하는 사람들을 보면 대단하다고 생각한다. 종일 음식 냄새에 노출되어 있으면 머리가 지끈거리고, 심한 경우 현기증까지 느껴보았다. 어릴 적부터 부모님 두 분 모두 맞벌이를 하셔서 필자가 음식을 만들어, 동생과 밥을 차려 먹곤 했는데, 동생은 항상 "어머니의 음식보다 오빠가 해주는 게 더 맛있다."라고 했다. 나름 음식에 대한 자신감도 있고, 자부심이 있었다. 주변 사람들은 고깃집에 가면 항상 내게 고기를 구워달라 했고 여행을 가면 필자는 항상 주방을 담당했다.

그런 경험을 살려 20대 초 주방보조 아르바이트를 했었다. 아주 짧게. 하지만 이내 음식 냄새를 이기지 못하고 그만두었다. 그러나 빚에 허덕이던 당시에는 그런 것을 생각할 겨를이 없었다. 대체로 주방이 급여가 좋았고, 저녁 시간에 근무하면 당시 시급이 6,030원인데 반해 12,000원을 받았으니 굉장히 좋았다. 여사장님이 매일 낮에 장을 봐 냉장고에 넣어두셨고, 당일 필요한 냉동 음식들을 미리 꺼내어 해동해두셨다. 인건비를 아끼려는 여사장님은 6시간 근무조건을 내세웠고 월 200만 원도 안 되는 급여로 주방을 볼 사람은 쉽게 구해지지 않았다. 부업을 구하던 내 입장에는 근무시간, 급여 모두 좋은 조건이었으나, 자격증도 없고, 요식업에 큰 경력이 없던 필자를 주방장으로 채용한다는 것은 그다지 긍정적인 상황은 아니었다.

이틀 정도 기다려도 연락은 없었고, 구인 글이 계속 올라 와 있는 것을 보고 문자를 한 통 보냈다.

"경력이 문제라면 직접 음식 맛과 조리 속도 한번 보시고, 결정하시죠."

다시 찾은 주방에서 나는 김치찌개와 제육볶음을 동시에 조리했고 이후 해물탕, 해물 크림 파스타를 동시에 조리했다. 4가지 요리를 맛본 여사장님은 내게 출근하라고 이야기했다.

당시에 필자는 마케팅에는 전혀 관심이 없었다. 2010년에 방영되었던 공효진, 이선균, 이하늬, 알렉스가 나온 〈파스타〉라는 드라마를 굉장히 재미나게 보았고, 셰프에 대한 옅은 로망이 있었다. 그리고 당시 '요섹남'이라 하여 '요리하는 섹시한 남자'라는 유행어가 돌았다. 나는 페이스북에 요리하는 사진들을 찍어 올렸고, 맛에 대해서 평가하기도 했다. 오픈 초기라 여사장님과 매장 홍보, 메뉴 추가 등을 의논했고, 이내 매장의 콘셉트를 '남자 셰프'로 가기로 했다.

 '황도'를 서비스로 가지고 나가 손님들에게 나눠주며 맛에 관해서 물었고, 동의를 구해 고객들과 함께 사진을 촬영해 페이스북에 올리고 손님들의 평을 적기도 했다. 빚에 허덕이며 친구를 만날 시간도 없어 연락조차 하지 않았고, 물론 여자친구도 없었던 시절이었다. 여자친구를 사귈 시간도, 여유도 없었지만 인간의 5대 기본 욕구 중 첫째! '생리적 욕구'에 의해 여성의 마음을 사로잡고 싶었던 내가 할 수 있는 유일한 것은 '섹스 어필'이었다. 어디까지나 '요섹남' 이미지를 심어주기 위한 지극히 개인적이며 순수한 마음의 SNS 활동이었다. 그러나 이내 반대편 동네의 고객들이 매장을 찾기 시작했고, 오픈 초 고객의 평균 나이대가 40~50대였으나 한 달이 채 지나지 않아 20~30대로 형성되었고 테이블은 항상 만석이었다.

 원래 필자와 서빙 아르바이트 한 명이 있었다. 하지만 이내 사장님은 서빙 인원을 한 명 더 뽑았고, 주방에 들어오는 일이 잦았다. 그리고 두 번째 월급을 주던 날 사장님은 내게 출근 시간을 조정할 수 있느냐고 물었는데, 불가능하다는 것을 알고서 일부러 이야기한 것이었다. 홀이 안정화되고, 사장님의 손님보다 일반 내방객이 많아지자 지인 장사를 고려해 홀을 담당하던 여사장님이 주방을 보아도 될 것 같다는 판단이었을 거라 예상했다. 이것이 필자가 대리운전을 처음 시작했던 계기였다.

'조리 식품'으로 만들어진 메뉴가 있었는데, 빚을 다 갚고 난 어느 날 문득 그게 너무 먹고 싶었다. 여 사장님과 끝이 좋지는 않았지만 좁은 동네에서 서로 얼굴 붉혀 좋아질 게 없다고 생각했고, 이내 박카스나 한 상자 사서 가야겠다는 생각으로 이동하려는 찰나, 필자의 동네가 아니었고 당시 개발지역이라 도로가 많이 변해 있었다. 길을 찾는 게 힘이 들어서 네이버에 상호를 검색했는데, 블로그를 통해서 매장의 주소를 찾았다. 하지만 매장은 사라졌고, 빈 상가만이 덩그러니 있었다.

사실 상호를 검색하자 지도보다는 블로그의 후기들이 먼저 보였다. 추억도 새록새록 기분이 좋았지만 이내 '남자 셰프님이 안 계셔서 아쉬웠다.', '음식 맛이 변했다.', '아르바이트생이 불친절하다.' 등 좋지 않은 평이 많았는데 내가 그만두고 2개월 후부터 올라온 글들이었다.

정확하지는 않지만 아마도 이내 다른 동네의 손님들이 끊어지기 시작했을 것이고, 여사장님의 지인들에게 이미 젊은 친구들이 찾는 시끄러운 집으로 알려져 손님이 줄어들며 폐업하지 않았나 싶다.

이제 와 돌아보면, 필자의 섹스어필은 당시 동네에 신선한 소재로 이목을 끌었던 것 같다.

당시 필자보다 실력 좋은 남자 셰프들이 많았지만 마케팅하지는 않았기 때문에, 필자의 일상 공유가 사람들에게는 매장의 마케팅적 측면에서 긍정적으로 작용했을 것이다. 하지만 반면에 네이버 블로그에 악평이 올라오며 폐업으로 이어진 매장은 결국 의도치 않은 마케팅이 매장을 흥하게 하였고 생각지 못한 블로그의 악평들이 망하게 한 것이다.

이 경험에서 필자는 또 하나를 배웠는데 그것은 바로 마케팅 플랫폼의 역할이다. 정말 순수하게 일상을 공유했던 필자의 페이스북이 지인들의 팔로워들을 타고 전해져 자연스레 매장을 홍보했고, 마케팅의 '마' 자도 알지 못했던 필자와 여사장님은 '네이버 블로그'의 무서움을 알지 못했다. 필자는 블로그가 뭘 하는 것인지 관심도 없었고, 여사장님이 만약 블로그의 호평들을 확인했었다면 필자에게 출근 시간 조정이라는 압박을 주지 못했을 것이다. 아마도 그 여사장님은 폐업하는 그 순간까지도 왜 폐업을 하게 된 건지 모르지 않았을까 조심스레 생각한다.

당시의 그 경험으로 사실 필자는 미안함과 동시에 약간의 기쁨을 느끼기도 했다. 나를 자르던 그때 여사장님의 말투, 만 원이라도 덜 주려고 5분, 10분 조기 퇴근까지 집어내던 그때를 생각하면…. 요즘 SNS를 보면, 정말 멋진 사진과 화려한 사진들로 자신의 상품과 매장의 홍보를 하는 사람들을 어렵지 않게 볼 수 있다. 그런데 하나 물어보고 싶은 것이 있다. "사장님, 그렇게 SNS에 열정을 쏟아서 매출이 어느 정도 오르셨어요?" 대부분 이런 계정들을 보면 분명히 매출이 올랐을 것이다. 그런데 문제는 더 이상의 상승이 힘들다는 것이다. 왜냐하면 SNS에 쏟아넣는 열정만큼 고객관리는 소홀해지기 때문이다.

SNS에 자신의 상품과 매장을 홍보하는 시간 때문에 자신의 비즈니스에 대한 계발이 더뎌지기 때문이다. 그것이 의류든, 식품이든, 제조 상품이든, 서비스, 영업이든 상관없이 무조건!! 그렇다면 SNS를 하지 말아야 하나? 무조건 대행 맡겨야 하나? 대행 맡기는 것보다 내가 더 잘하는데? 이렇게 생각할 수도 있다. 필자 역시 그랬다. 하지만 앞서 이야기한 필자의 순수한 일상 공유를 떠올려보라. 나는 상품을 자랑하거나 매장을 자랑하지 않았다. 그저 내 손님들의 이야기를 퍼다 날랐고, 음식을 만드는 과정, 전문적이진 않지만 내 요리에 대한 철학을 그들에게 전했다.

만약 의류 사업을 하고 있다면 고객들의 구매 경향 차이점은 바로 2가지, '예뻐 보여서 사는 것'과 '배워서 사는 것'의 차이다. 내 상품과 매장을 홍보하는 것은 '자랑'하는 것이다. 하지만 반대로 내 상품에 대한 설명과 매장에서 일어난 일상을 공유하는 것은 '가르쳐주는 것'이다. 내가 의류 사업을 하고 있다면 패션은 당연하며, 옷감의 소재, 철학적인 공부를 해보는 것도 나쁘지 않을 것 같다.

"○○에서 유행하는 패션을 따라 해보았다, 어색하지만 이 패션은 ~~~ 하다."

"친구가 아토피가 있어 플렉스 해온 ○○○ 소재의 재킷! 해당 소재는 ○○ 하는 점이 ○○로 작용한다네요^^! 아토피가 있는 분들은 구매 전! ○○ 소재를 꼭 확인해보세요."

"5월에 태어나신 분들은 황소자리이죠. 이번 주 여러분들에게 추천해 드리는 컬러는 옐로우! 따스한 봄에 노오란 개나리 원피스가 뜻밖의 행운을 가져다줄지도^^."

이렇듯 비즈니스를 공부하고, 그것을 고객들과 나누는 것이다. 나의 배움을 공유할 플랫폼을 선택하고 당신의 블로그로 유입될 고정 팬층을 만들어 더욱 전문적인 정보와 깊이 있는 자료를 공유함으로써 자연스레 온·오프라인 모두를 장악하게 될 것이다.

고객과 SNS로 인사하라

"운이 좋다, 나쁘다 하는 것은 뒤에 가서 하는 말이다. 행복한 자는 막대기를 심어도 레몬 나무로 자란다."

— 키케로(BC 106~43, 고대 로마의 철학자, 정치가)

요즘 현대인들의 일상에 스마트폰이 없으면 굉장한 허전함과 어색함을 느낄 것이다. 필자 역시 바쁜 하루 중에 유일한 낙은 SNS로 친구들의 안부를 확인하고, 등록해둔 해시태그의 게시물들을 확인하는 것이다. 그것은 정보를 얻기도 하지만, 새로운 사람을 알게 될 수 있다는 희망을 주기도 한다.

『타이탄의 도구들』의 저자 팀 페리스는 또 다른 저서『지금 하지 않으면 언제 하겠는가』에서 이야기했다.

"동그라미는 당신 그리고 당신과 가장 친한 친구 다섯 명이 속한 서클이라는 뜻이다. 당신은 이 동그라미 안에 있는 친한 다섯 명의 평균이라는 사실을 늘 잊지 말아야 한다. 이 동그라미는 살면서 당신에게 많은 것을 묻고, 답하고, 깨달음을 찾아줄 것이다. 언제나 당신의 최선의 잠재력을 끌어낼 수 있는 역할을 할 수 있게 하라."

하지만 필자는 대학교도 졸업하지 못한 고졸에, 순탄치 못한 유년 시절을 보냈고 20대 중반에는 빚과 약, 술과 유흥에 빠져 살았기에 필자의 동그라미는 내게 '묻고, 답하고, 깨달음'을 찾게 될 기회가 없었고 언택트 시대로 무섭게 변화되며 이내 온택트 시대로 발전되면서 많은 사람이 온라인에 대한 거부감을 거두기 시작했다. 현재 국내 유튜버 중 영향력 있는 신사임당의 말을 인용하자면 "단군 이래 가장 돈 벌기 쉬운 시대"라 한다. 그리고 감히 필자가 말하고 싶은 것은 "왕따의 저력을 보여줄 수 있는 가장 좋은 시대"라 말하고 싶다.

책에서 말하는 유년 시절의 '왕따' 경험은 필자의 인생을 180도 바꿔놓았다. 그리고 사실, 지금도 학교 동창들을 만나면 그 시절의 '왕따' 이미지는 버리지 못했다. 하지만 필자는 요즘 하루하루가 행복하다. 감히 필자가 알고 지낼 수 없던 의사, 검사, 변호사들과 소통하며 수십, 수백억 자산가들의 생각을 알 수 있고, 그들에게 조언을 얻을 수 있다는 것에 매우 감사하다. 그리고 필자에게 작가의 꿈을 심어주고, 그 꿈을 이루게 해준 '한책협', 'ABC엔터테이먼트' 대표이자 『부와 행운을 끌어당기는 우주의 법칙』의 저자 김태광 작가님을 알게 된 것은 정말 기적과 같은 일이라 생각한다.

그러나 이 모든 일은 필자가 부자여서, 배가 아카데미의 대표여서, 나름 성공한 젊은 CEO여서 일어난 것이 아니다. 오히려 나의 직업과 사업으로 알게 된 사람들은 내게 좌절을 가르쳐주며 나의 한계를 정해주는 부정적인 사람이 대부분이었다. 나를 힘들고 고난에 빠지게 만든 사람들을 더 많이 만났고, 그들로 인해 상처받고 실패를 경험하며 죽음까지 선택했던 적도 있었다. 그런데, 어떻게 필자의 주변이 이처럼 달라졌을까? 생각해보면 필자는 '왕따' 시절, 외로움을 달래기 위해 시작했던 인터넷 음악방송이 큰 영향을 주었다고 생각한다.

당시 음악방송에 사회적으로 유명하거나 영향력을 행사하거나 성공해서 돈이 많은 사람이 있지는 않았으나, 단지 음악과 인기도만을 두고 볼 때 필자에게는 정말 크고 높은 사람들이었다. 그 사람들과 어떻게든 한

마디 나눠보기 위해서 애썼다. 그들의 방송을 듣고 내 방송에서 그들을 칭찬하고 언급하며, 그들의 노래를 연구하고 보고 들으면서 필자의 실력도 키워갔다. 첫 1년 간 필자의 청취자는 정말 많아야 20명 남짓이었지만, 이내 필자의 끈질긴 노력 끝에 당시 TOP3 방송국에 들어갔고 결국 방송 2주년 되던 해 동시 청취자 1,000명은 기본으로 넘어갔다. 팬클럽은 약 500여 명이 넘어섰고 회장과 운영진은 어린 필자를 대신해 팬 정모를 열어주었다.

아마 그때의 경험이 아니었다면 나는 평생 루저 인생을 사는 정말 '찌질이' 그 자체였지 않을까? 아무튼! 왕따였던 필자가 기댈 곳은 온라인 채팅이었고, 그것만으로 부족해 음악방송을 시작했다. 그리고 이내 음악방송은 필자에게 또 다른 인생을 살게 해준 것이다. 부모님은 항상 늦게 들어오셨고, 어린 동생과 나누는 대화는 사춘기의 필자에게 그리 재미나지 않았다. 그런 필자에게 친구마저 사라졌으니 채팅에서 만난 사람들은 유일한 친구이며 말동무였다.

하지만 요즘은 어떤가? 학생부터 기업의 대표까지 정말 남녀노소 누구나 SNS를 하며 성공한 사람들에게 손쉽게 말을 걸 수 있고 서로의 생각과 가치관을 공유할 수 있다. 그리고 이점은 분명하게 SNS를 통해서 사업을 확장하고, 매출을 올리고 싶은 우리에게는 정말 좋은 일이다.

당신의 고객은 누구인가? 그저 나의 매출에 도움을 주는 손님인가, 아니면 당신의 사업을 함께 이끌어줄 동반자인가? 청취자 스무 명 시절 나는 무던히 유명한 방송국을 찾아다니며 유명 CJ, DJ들과 소통했다. 그들에게는 그저 일반 청취자였던 내가 그들의 팬이 되며, 형이라 부르고 누나라 부르며 그들의 팬들과 소통했고, 이내 방송을 진행하는 CJ, DJ들과 인사를 나누며, 서로 '친구 추가'를 주고받았다. 당시 1~3위 방송국의 CJ, DJ는 음악방송계에서는 지금의 유튜버 '신사임당' 수준의 영향력을 행사했다.(물론 사회적 파급력이 크지는 않지만, 적어도 그 세계에선) 그런 사람들과 내가 '친구추가'를 하게 된 것은, 그저 그들의 팬들과 소통한 것이다.

그것도 매일 꾸준히 진정성을 가지고, 자연스레 나라는 사람이 그들의 인식에 박히게 되며 내가 '뭐 하는 놈인가?' 하고 궁금하게 된 것이다. 이내 방송에서 내가 언급되기 시작했고, 장난삼아 시작된 이원 방송(두 명이 동시에 방송을 진행)을 하게 되며 스카우트되는 기회까지 얻게 된 것이다. 결국, 유명한 방송인이 되고 싶었던 어린 나에게 청취자는 고객이었다. 그리고 내 스스로 나의 고객을 만들지 못했기 때문에 유명한 방송국의 팬들과 친해지며 소통했고 이내 그들은 나의 팬이 되어주었다.

이미 성공한 사람들은 작은 것에 욕심내지 않는다. 그들의 팬이 나의 팬이 되었다고 해서 나를 원망하거나 화를 내거나 질책한 사람은 없었다. 아, 한 명 있었는데 오래가지 못했다. 결국 나와 피 터지는 '핑거 파이터' 끝에 그는 방송국에서 퇴출당했고 팬들에게도 외면당했다. 정말 성공한 사람들은 자신의 지식을 나누고 싶어 한다. 그리고 자신이 가진 것을 베풀려고 한다. 왜냐면 그들에게도 다 어렵고 힘든 시절이 있었기 때문에 단지 그 가르침과 베풂의 대상을 선정하는 기준이 까다로울 뿐이다.

그리고 그런 성공자들을 좋아하고 따르는 팬들은 결국 그 성공자들의 인성이나 마인드를 그대로 따라 배운다. 예를 들면 열성 팬들이 자주 하는 말 "오빠가 좋다면 다 좋아요!"와 같이…. 결국 진정성 있는 소통을 하기 위해서는 진정성 있는 소통을 할 줄 아는 사람과 소통해야 한다. 그리고 그 '좋은 마인드'를 배운 팬들과 소통하는 것은 매우 빠르게 나의 SNS를 성장시키는 원동력이 된다.

이렇게 말한다고 해서 팬들과 사생활을 공유하라는 것은 절대로 아니다. 나의 사생활을 궁금해할 타인은 온라인에 존재하지 않는다. 다만, 내가 관심을 두고 있는 분야에 대한 정보를 나누고 그들의 생각을 듣고 내생각을 공유하는 과정에서 자연스레 그 팬들과 인사하게 되는 것이다. 그리고 그 인사는 결국 나의 SNS로 유입되는 가장 첫 번째 단계이며, 그렇게 유입된 팬들은 결국 나의 피드에도 긍정적인 댓글과 반응을 남기게 된다. 이것이 바로 필자가 말하는 나의 사업에 도움이 되는 동반자를 만난 것이다. 로컬 사업을 진행하더라도 마찬가지다. 다른 지역 사람이라 하여 나의 고객이 되지 말라는 법은 없다. 고객이 무엇인가? 나의 매출에 도움을 주는 사람은 모두 고객이다.

그들이 남겨주는 긍정적인 댓글과 반응들은 이내 모든 SNS 알고리즘에 긍정적으로 작용하게 되고, 결국 우리 지역의 고객들에게도 노출이 된다. 그리고 단지 노출에서 그치지 않고, 호평과 긍정의 단어들이 오고 가는 나의 피드에 반응이 쌓이게 되는 것이다. 인플루언서가 될 이유도, 생각도 없고, 전혀 SNS에서 유명인사가 되고 싶은 마음이 없다면 그냥 지금의 생활과 매출에 만족하며 살기 바란다. 오히려 그것이 정신 건강에 이로운 선택이 될 것이다.

SNS를 하는 이유는 물건을 팔고 상품을 홍보하며 기업을 알리기 위한 것이 아니다. 나와 나의 상품 그리고 기업의 팬을 만들기 위함이다. 단 1원의 보탬도 나에게 주지 않은 사람들이고 주지 않을 사람들이지만, 이 과정에서 알게 되는 모든 사람은 결국 나를, 나의 상품을, 나의 기업을 긍정적으로 평가해주는 사람들이다.

그렇게 성장하면, 어느새 오늘의 나를 마주하게 될 것이다. 나보다 젊은이들로, 그리고 나보다 늦게 시작한 이들로부터 나를 만나게 될 것이다. 그러면 그때 내가 받은 감사함을 그대로 전하기 바란다. 그들의 성공을 위해서. 그러면 나에게 고마운 사람이 생기는 것이고, 그 고마움은 결국 영향력 있는 사람이 되어 나의 열혈 팬이 되는 것이다. 그리고 그 열혈 팬으로 인해 그들의 팬과 다시 만나게 된다. 가진 이들이 베푸는 이유가 바로 그것이다.

"자신의 기운을 북돋우는 가장 좋은 방법은 다른 사람의 기운을 북돋워 주는 것이다."

– 마크 트웨인(1835~1910, 미국 소설가)

온라인 마케팅, 기본부터 탄탄하게 시작하자

"행동 계획에는 위험과 대가가 따른다. 하지만 이는 나태하게 아무 행동도 취하지 않는 데 따르는 장기간의 위험과 대가에 비하면 훨씬 작다."
– 존 F. 케네디(1917~1963, 미국 35대 대통령)

마케팅을 직접 한다고 생각하면 참 막막하다. 포토샵도 할 줄 모르고 알고리즘, 로직, 저작권 등등 알아야 할 것도 많고, 배워야 할 것도 많다. 그러나 아무것도 필요 없다! 필자의 강의를 듣는다면 딱 3일 안에 모든 것이 가능할 수 있다. 거짓말 단 0.1%도 없이, 습득이 빠른 사람이라면 1:1 코칭, 컨설팅으로 단 하루면 충분하다. 알려주고 싶은 것이 많지만 책으로 모든 것을 담아낸다는 것이 아직은 필력이 부족한 나로서는 참 어려운 일임을 부디 이해해주시기 바란다.

하지만 가장 중요한 한 가지만 기억한다면, 굳이 내게 배우지 않더라도 누구나 마케팅을 시작할 수 있다. 자, 지금 바로 네이버에 '70대 인플루언서'를 검색해보기 바란다. 저작권의 문제로 책에 담지 못해 아쉽지만, 필자가 하고자 하는 말은 '70대 어르신들도 하시는 SNS를 왜 두려워하는 것인가?'이다. 그리고 그분들의 인스타그램을 유심히 관찰해보기 바란다. 3자의 시선에서 촬영된 사진은 누군가 촬영해준 것일 수도 있지만, 삼각대와 리모컨만 있다면 충분하게 가능하다. 팁을 하나 주자면 요즘은 음성으로 스마트폰의 제어가 가능하고, 삼성의 갤럭시 경우 S펜의 버튼으로 동영상, 사진 모두 촬영이 가능하다.

멋들어지고 감성 넘치는 DSLR 카메라 또는 가벼운 미러리스 카메라가 있다면 좋겠지만, 가벼운 마케팅에는 절대로 장비 빨이 존재하지 않는다. 그저 조금 상위단계의 스마트폰 하나면 충분히 모든 것이 가능하며 허접해 보이는 나의 사진을 보정해줄 어플도 굉장하게 많으니 그중 내가 조작하기 편한 것을 선택하기 바란다. 가끔 유료 결제를 요구하는 어플이 있는데 대부분 무료 체험 기간을 제공하니 이것을 이용해 조작해보고, 큰돈이 아니라면 카메라 구매하는 것보다 10배, 100배 효과적이니 결제하는 것도 나쁜 선택은 아니다. 스마트폰으로 모든 것을 해결하면 좋겠지만, 필자의 경우에는 컴퓨터로 작업하는 것이 몇 개 있다. 우선 왕초보 단계를 벗어나면, 가벼운 사양의 노트북 한 대 정도 구매하는 것으로 하고 장비 세팅은 끝내자!

다시 70대 노부부의 인스타를 살펴보자. 두 분의 인스타그램 계정은 어떻게 성장했을까? 아무래도 가장 큰 것은 전 세계 사람들이 공감할 수 있는 소재가 주제로 선정되었다는 것이다. 손주들 등학교시키는 것을 낙으로 살던 할머니 할아버지가 손주들이 자라서 그들 곁을 떠나면 무료한 나날을 보내게 될 아버지를 걱정한 아들이 그림을 그릴 것을 권하며 시작된 것이라고 한다.(참고 : "70대 노부부, 인플루언서 되다", 〈생생부천〉, 김윤연 시민기자, 2019.09.01.)

그리고 처음 필자가 이글을 보면서 느낀 것은 작은 취미 생활이 온 가족의 단합으로 이어졌다는 것이다. 할아버지께서 그림을 그리면, 할머니가 그림에 글을 입히고, 자녀들이 각국의 언어로 번역해 그것을 인스타에 공유한 것이다. 사실 일반인이 하기에는 무리가 있는 부분이지만, 여기서 우리가 참고할 점은, '취미 생활'을 공유했다는 점이고, 그것을 진정성 있는 글로 풀어내어 콘텐츠로 만든 것이다. 그림과 글이 하나의 콘텐츠가 되었고, 노부부의 일상은 그렇게 전 세계 사람들에게 유익한 콘텐츠로 제작된 것이다.

여기서 유익한 콘텐츠는 무엇일까. 나의 취미 생활? 만약 여러분의 사업과 취미가 같은 카테고리에 속한다면 당연히 좋은 소재가 될 수 있다. 하지만 나의 사업과 연관이 없다면? 앞서 이야기했던 고객에게 배움을 제공하는 것이다. 나의 상품을, 기업을 연구하고 공부하며 비즈니스를 다양한 사람들에게 알리기 위한 콘텐츠를 만들어야 한다. 그리고 여기서 주의할 점은, 진정성을 전달하는 것이다. 과장되지 않고 최대한 진솔하게, 내가 겪은 어려움이 있다면 조언을 구하는 것도 좋은 소통이 된다.

많은 정보와 자료들이 인터넷에 존재하며 숨은 고수가 많은 요즘 세상에서 고객들과 상품과 제품의 지식에 대한 경쟁을 벌이다간 오히려 된통 당하는 수가 있다. 필자 역시도 마찬가지다. 나는 업계 최고라 말하지 않는다. 하지만 내가 아는 지식은 누구나 배울 수 있도록 누구보다 쉽게 알려줄 자신이 있다. 자, 여기까지 장비도 준비되었고, 주제도 선정했을 것이다.

그렇다면 이제 콘텐츠를 제작하는 단계인데, 가장 중요한 부분이다. 책이 조금 지저분해져도 좋으니, 밑줄 긋고 별표 치고, 상단의 페이지를 5cm가량 45°로 접어두면 좋겠다. 사실 노부부 인스타그램의 핵심은, 할머님의 글쓰기에 있다. 내가 경험하고 느끼고 생각한 것들을 스토리로 만들어 할아버지의 그림을 하나의 콘텐츠로 변화시킨 것이다. 그리고 그 스토리는 우리가 알고 있고 경험했을 법한 이야기를 그림 속에 더함으로, 모두의 상상 속에서 누구는 추억이 되고 누구에게는 이상이 되며, 재미가 되고, 감동이 될 수 있는 것이다.

'내가 할 수 있는 이야기가 무엇일까?' 무엇이든 좋다. 많은 경험을 했다면 그 경험담에 당신의 상품과 기업을 더하면 되고, 경험이 적은 사람은 이제라도 배워서 그것을 대신 채우면 되는 것이다. 나의 경험을 공유하며, 사람들과 나누고, 내가 배운 것을 알려주며 사람들과 나누는 것은 나와 비슷한 관심사를 가진 사람의 공감을 얻어내는 아주 좋은 방법이다.

이것을 알기 전까지 필자는 광고사/대행사에 의뢰해서 마케팅을 진행했었다. 몇 번의 비슷한 실패를 경험하고서 '이대로는 계속해서 돈만 날리겠다.' 싶어 대행을 중단하고 직접할까도 고민했지만, 당시 관리해야 하는 것들이 너무 많아 시간적 여유가 없다는 핑계로 직원을 채용하기로 했다. 조금 더디더라도 마케팅에 대한 지식이 있는 사람으로 채용해서 나의 머릿속에 있는 이야기들을 마케팅으로 풀어주기를 원했다. 하지만 지방이라 그런지 쉽게 찾아볼 수가 없었는데, 스물한 살의 어린 친구가 부산에서 모 국회의원 사무실에서 근무하고 있다며 이력서를 제출했고 너무나 기쁜 마음에 당장 전화를 걸어서 면접을 보자고 했다.

아직 퇴사상태가 아니어서 주말로 일정을 잡았고, 마지막 한 달 근무 일수를 채워줘야 한다기에 3주 정도를 기다려 함께 근무하게 되었다. 면접 때 음악을 한다는 그 친구의 이야기에 뭔가 반가웠고, 돈을 버는 이유가 음반을 내기 위함이라 이야기했다. 급여 이야기를 나누다가 근무시간과 휴무가 맞지 않아 프리랜서로 일하기로 했다.

이내 뭔가 진행이 되어가는 듯한 만족감을 주었다. 네이버 스마트 스토어를 통해 상품을 등록 한지 이틀째 되는 날, 첫 구매가 들어왔고 이내 하루 두 개, 다섯 개씩 판매가 되기도 했다. 메인 상품이 아니었고 실제 오프라인 매장에서는 한 달에 3~5개 정도 판매되면 많이 되는 수준이었기에, '역시 온라인 시장이 크긴 크구나.' 생각했다.

그리고 필자의 상품과 관련된 부가적인 서비스를 블로그와 SNS를 통해서 알리기 시작했는데 그 역시 괜찮은 반응을 보였다.

어떤 날은 메인 상품의 판매 문의보다 부가적인 서비스에 대한 문의가 더 많은 날도 있었다. 이 이야기는 뒤에서 자세히 설명하도록 하고, 순탄하게 흘러가나 싶었던 온라인 마케팅, 비용은 확실히 줄었지만 직원의 인건비를 생각하면 대행을 맡길 때와 큰 차이는 없었다. 하지만 그 효과만큼은 확실하게 발생했으니 만족스러웠다.

하지만 6개월이 채 되지 않아 그 직원의 근무태도는 확실히 돌변했는데, 원래 정신질환이 있었다는 핑계로 매일같이 병원에 다녀오며 업무에 많이 소홀했다. 하지만 애당초 프리랜서 개념의 고용이었기에 크게 지적하지 못했다. 하지만 다른 직원들이 오가는 사무실에서 낮잠을 자며 어린 녀석이 나를 당황하게 했다. 조심스레 달래보았지만 결국 당월 말일을 기점으로 계약 해지를 선택했고 이내 노동부에 나를 신고했다.

그 이유는 최저시급이었다. 최저시급을 언급하며 내가 근무시간에 대해 구속했다고 했다. 어린 녀석이 열심히 사는 것 같아 지낼 곳을 마련해 주었고, 적당한 소득이 생기기 전까지 6개월간 150만 원을 보장해주며 당장 생활비가 부족하다기에 판매 건당 1~5만 원의 인센티브까지 현금으로 주기도 했는데 그때 내게 감사하다며 열심히 일하겠다고 자진해서 주말까지 출근하는 모습도 보였다. 그런 사람이 나를 신고하다니 참 기가 막혔다. 이내 노동부에 계약서를 제출했고 조사관과 삼자대면했는데, 150만 원과 인센티브로 지급된 금액을 모두 계산하니 최저시급은 충분히 지급된 금액이었고, 넘는 달도 있었기에 문제없이 넘어갔다.

하지만 문제는 그 친구가 퇴사한 후 발생했다. 관리되지 못한 블로그와 SNS는 반년 넘게 방치되었고 이내 SNS는 탈퇴했고 이후 블로그는 아예 다른 콘셉트로 운영되고 있다. 결국, 2년 간 필자가 대행사와 직원에게 쏟아넣은 수천만 원의 금액은 아무런 효과도, 어떠한 가치도 남기지 못한 채 오롯이 필자의 깨달음에 대한 투자가 되었다. 깨달음을 얻기에는 너무 많은 시간과 금액을 버려야 했다. 하지만 필자가 기본기를 탄탄하게 배우고 시작했다면 그때 그 금액을 투자하지도 않았을뿐더러 당시의 효과보다 훨씬 더 좋은 성과를 얻었으리라 생각한다.

그 후 약 2년간 필자는 교육비로 수천만 원을 또 투자했다. 대부분의 10~50만 원대 강의는 필자가 원하는 내용을 가르쳐주지 않았다. 500만 원가량을 교육비로 쓰고 나서 느낀 것이 그저 각자 다른 듯 비슷한 과제만을 내어줄 뿐 수강생 실력 발전에 대한 책임은 전혀 없었고 개인의 역량에 맡겨지는 것이 허다했다. 이내 1:1 코칭 비용으로 약 1,500만 원 정도 투자했고 이후 1일 특강이나 교육 과정에 4,000만 원 넘게 투자했다. 그 결과 필자는 아이디어만 있다면 빠르면 30분, 길어도 3시간 이내 어떤 콘텐츠도 제작할 수 있는 지식과 기술을 갖고 있다.

필자처럼 시간, 금전, 열정 낭비를 하지 않기 바라는 마음으로 시작된 교육은 두 명의 코치진과 함께 배움을 나누며 '배가', 마케팅이 '배가', 무엇이든 '배가' 되는 "배가 아카데미" 카페를 통해 공유하고, 1:1 코칭과 강의 및 컨설팅을 통해 지식을 나누고 있다.

4장

-

매출 올리는
온라인 마케팅
8가지 비법

상위 노출 방법만 알아도 반은 성공이다

"당장 달성할 수 있는 작은 성공을 거듭해나가도록 계획을 세우는 것
이 바람직하다."

– 디오도어 아이작 루빈(1923~2019, 미국 정신과 의사, 작가)

광고! 하면 가장 먼저 떠오르는 것이 무엇인가? 메인화면 게시, 추천
피드, 상위에 검색되는 포스팅(이하 상위 노출) 등일 것이다. 뭐 마케팅
적인 측면에서 보자면 사실 상위 노출보다 중요한 것은 플랫폼의 선택이
지만, 사실 상위 노출이 가장 효과적이고 빠른 마케팅의 성공 방법이라
는 것을 부정할 수는 없다.

많은 책을 보고 강의를 듣다 보면 대부분 '상위 노출에 너무 집착하지 말라.'고 이야기하는데, 필자가 그들에게 하고 싶은 말은 '실력이 없으면 책도 내지 말고, 강의도 하지 마세요. 제발!' 이다. 물론 업종이나 상품에 따라서 콘텐츠의 품질이 우수하면 충분하게 마케팅 효과를 누릴 수 있지만, 거기에 상위 노출까지 가능하다면 무조건 좋은 결과를 얻을 수 있지 않은가? 알고리즘이 단순하던 시절, 그저 보기 좋은 사진 몇 장과 매일같이 꾸준하게 업로드하면 누구나 파워 블로거가 되던 시절에 유명해져 강사나 작가로 활동하는 사람을 숱하게 보았다.

다들 먹고 살자고 하는 세상에 그들의 선택은 현명했다. 하지만 누군가를 가르치는 처지에서 항상 선한 영향력을 언급하는 그들이 잘못된 지식을 교육하고 강의한다는 것은 분명 잘못된 행위라는 것을 깨닫고 지금이라도 처음부터 공부해서 올바른 정보를 교육해주었으면 좋겠지만, 이미 유명해진 그들은 알고리즘의 신뢰성에 대한 가산점으로 누가 뭐래도 공식적으로는 인플루언서임에 이제 책 한 권 출간하는 나 같은 나부랭이가 말하는 것을 누가 믿겠는가?

하지만 필자에게 교육받고 강의를 들은 수강생들은 모두 상위 노출의 방법을 터득했고, 게시글 3개만으로 상위 노출되어 이틀 만에 2,500회 이상의 조회 수를 달성하는가 하면, 나에게 교육받은 일 방문자 8천 명 블로거가 단 1원도 받지 않고, 배가 아카데미의 코치로 활동하는 것을 지원했다. 이건 자랑이다. 그리고 내세울 포트폴리오가 없는 내가 자신이 있다는 증거이기도 하다.

잠시 광고/마케팅 업계에 종사하는 사람들의 이야기를 빌리자면, 회사나 기업에 소속되어 근무할 당시 자신들의 실적을 포트폴리오로 사용하지 못하게 하는 곳이 많다고 한다. 그 저작권이나 계약 조건에 대한 부분이 모두 회사로 되어 있기 때문이고 대부분 마케팅을 의뢰한 기업과 회사 등에서 광고 대행을 의뢰했다는 이미지가 심어지는 것을 원하지 않기 때문에 포트폴리오를 만들어내기가 참 어려운 현실이다. 그리고 필자는 마케팅을 주제로 강의나 교육을 하리라 생각하지 않았고, 그저 코로나로 인해 잠시 주춤했던 현금 흐름을 좀 원활하게 해보고자 시작했던 것이 책까지 내고 있으니 그저 신기할 뿐이다. 그래도 좋은 경험을 통해서 자신감을 얻었기 때문에 현재에 만족한다.

또한, 광고사에 근무하거나 마케팅 부서에 근무했던 경험으로 얄팍한 광고 용어를 가지고 사람들을 현혹해, 실제로는 그 역량이 현저하게 부족하지만 그저 자신이 근무했던 경력을 내세워 비싼 비용을 받고 대행을 받아 외주를 맡기거나, 강의 및 교육을 진행하는 강사들도 있다. 적어도 필자의 책을 읽은 사람이라면 무조건 계약하지 말고 정확하게 알아보고 파악해서 누가 되었건 정말 자신에게 필요한 분야의 실력 있는 강사에게 교육받기를 바란다.

이제부터 필자가 알려주는 것들은 각 SNS 플랫폼의 알고리즘에 관한 이야기다. 기본적인 원리와 개념을 이해하고 SNS를 하는 것과 그렇지 않은 것은 하늘과 땅 차이다. 그저 개수 채우기 형식의 포스팅이나 게시물을 업로드 하는 일은 절대로 없어야 할 것이다. 콘텐츠의 품질이 형편없다면, 올리지 않는 것이 어쩌면 더 현명한 방법이다.

인스타그램에서 상위에 노출되는 것은 어떤 의미가 있을까? 우선 상위 노출이라는 개념보다는 추천 피드에 게시되는 것이 올바른 표현이다. 해시태그로 시작해 연관되는 사용자들에게 노출되는 인스타그램의 시스템은 콘텐츠 품질도 중요하지만, 초반에 다양한 소통이 크게 작용한다. 그리고 그 소통의 대상을 잘 선정해야 추천 피드에 빠르게 게시될 수 있다.
그리고 자신의 피드가 되도록 일정한 패턴이나 느낌의 잘 정돈된 이미지로 세팅하는 것이, 나를 팔로워 할 사람에게 긍정적인 판단을 유도할 수 있으며, 간혹 외모에 자신이 없어 자신의 얼굴을 아예 올리지 않는 사람도 있는데, 잘못된 것은 아니지만 조금 가려진 '나'라도 노출하는 것이 신뢰도를 향상하는 부분이기도 하다.

유튜브는 어떤 알고리즘을 채택하고 있을까. 인스타그램도 그렇지만, 유튜브의 경우에는 전 세계에 알고리즘이 영향을 미친다. 콘텐츠 크리에이터가 등록한 해시태그나, 제목, 내용의 키워드보다는, 시청자의 반응과 콘텐츠에 대한 평가를 토대로 알고리즘이 반응하는데, 우리나라에서 조회 수가 거의 없었던 영상들이 해외에서 터지기도 한다. 그리고 이내 엄청난 조회 수를 자랑하면서 다시 국내 사용자들에게 노출되기도 하는데, 단기간에 폭발하는 현상을 '떡상'이라고 이야기한다. 이는 어찌 보면 운이 좋은 경우이다. 외국인들에게 인기를 얻기 위해서는 댄스, 음악, 문화적인 요소, 또는 시·청각적으로 자극적인 부분이 없다면 영상을 보는 경우는 드물다. 따라서 유튜브에 올라오는 다른 영상을 잘 분석하고 벤치마킹하는 것이 초보 유튜버에게는 가장 좋은 방법이다.

페이스북은 어떨까? 사실 페이스북에서 상위 노출은 크게 의미가 없다. 이는 페이스북의 시초를 생각하면 간단히 이해할 수 있는데, 창업자 마크 저커버그는 하버드 대학교의 인맥을 관리하기 위해서 사이트를 오픈했다. 즉 오픈형 SNS라기보다는 특정 조직, 그룹으로 제한된 반 폐쇄형 SNS로 인식하는 것이 맞다. 카카오톡과 인스타그램 딱 그 중간쯤이라고 생각하면 좋겠다.

페이스북에 추천되는 사람들은 대부분 내 스마트폰 연락처의 사용자, 또는 그의 친구들로 구성된다. 따라서 연관성이 없는 사람들이 주를 이루는 곳은 페이지와 그룹인데, 사실상 현재 신규 페이지, 그룹을 개인이 활성화하는 것은 무리가 있다고 생각한다. 마케팅팀을 구성할 수 있는 정도의 규모가 될 때, 직접 운영하는 것으로 하고 그전에는 기존의 페이지와 그룹을 이용해 광고하는 것이 좋다.

틱톡의 경우, 숏폼 비디오 플랫폼으로 유명하다. 인스타그램이 틱톡에 순식간에 추월당했고, 뒤늦게 만들어낸 것이 '릴스'기능이다. 하지만 틱톡의 알고리즘을 반영하기에는 무리수가 있는데, 인스타그램은 해시태그로 반응하지만 틱톡의 경우에는 이용자가 선택한 관심사에 따라서 노출되며, 영상 시청 간에 사용자의 슬라이드 반응에 따라서 선호와 비선호를 구분하게 된다.

A라는 콘텐츠를 시청 중에 영상을 좌측 슬라이드는 '비선호'로 구분되고, 영상을 다 보고, 위쪽 슬라이드는 새로운 영상이 나타나며 A라는 콘텐츠는 '선호'로 구분된다. 인스타의 경우 시각적 반응과 기존의 인기도에 의해 1초도 안 되는 순간 '좋아요'가 눌러지는 경우가 많지만, 틱톡의 경우에는 실제 사용자의 생각과 감정의 반응을 통해서 알고리즘이 반응하기 때문에 좋은 콘텐츠를 공유하면 초보자도 쉽게 추천될 가능성이 커서 비교적 초반 노가다(댓글 활동)를 적게 해도 된다. 사용자의 이목을 끌만한 초반 구성이 중요한 것은 마찬가지다.

네이버 블로그·카페, 우리나라의 대표적인 포털이다. 그리고 단순한 콘텐츠보다 신뢰성에 큰 비중을 두어 정확하고 다양한 정보를 제공하는 데 그 목적을 두었기 때문에 콘텐츠를 제작하는 입장에서도 상당히 신중할 필요가 있다. 많은 책을 보면 C-RANK, DIA, DIA+ 알고리즘 등을 설명하면서 책의 10% 이상을 채우곤 하는데, 다 필요 없고 'NAVER Search & Tech'에서 공부하면 그 책이 설명한 어떤 내용보다 더 정확하게 공부할 수 있다.

책의 목차에 저 중 하나라도 언급된다면 그냥 책을 내려두기 바란다. 굉장한 시간 낭비가 될 것이다. 필자가 이토록 강력하게 이야기하는 이유는 네이버 알고리즘은 사실 이론을 이해하기보다 실전에 강해야 효과적이기 때문이다. 이론을 백날 천날 외워봤자, 결국은 상위 노출이 안 된다. 하나만 기억하자. 결국은 글의 신뢰도와 인기도에 의해 결정된다. 아직까지는 '알고리즘에 맞는 글쓰기'가 90% 이상 비중을 차지한다. 나머지 10%는 콘텐츠 소비자들의 반응으로 평가되기 때문에 알고리즘을 배우기보다 콘텐츠 제작과 글쓰기 방법을 배우는 것이 훨씬 빠르다.

만약 각 플랫폼의 알고리즘이 업데이트된다면 '배가 아카데미' 카페를 통해서 공유하고 있으니 참고하면 좋겠다.

노출보다 중요한 것은 바이럴과 클로징이다

"시도하지 않는 곳에 성공이 있었던 예는 결코 없다."

– H. 넬슨(1758-1805, 영국 해군 제독)

미국의 FOX TV에서 미국의 애니메이션 '심슨' 시리즈 시즌 30 – E17
에서 한국에 방문한 심슨 가족편을 보면 바이럴 마케팅의 끝판왕을 만날
수 있다. 필자는 치맥 2F 간판이 아직도 기억에 남는다.

어쩌면 한국 사람이 보기에 기분 나쁠 수 있는 풍자를 코믹으로 재해
석해 인기를 끌었지만, 우리나라에서는 짤막한 영상만을 볼 수 있을 뿐
이다.

해당 에피소드에서는 '조계사', '동계 아시안 게임 자화자찬 센터', 'BTS 방탄소년단 신병 모집 센터', '김치', '만두', '냉면', '코리안 비비큐' 등이 보인다. 이는 우리나라 문화에서 유명한 대부분을 언급한 것인데, 짤막한 장면들에 이 모든 것들을 넣었다는 것이 정말 대단하다 느껴진다. 과거 〈MBC 뉴스〉에서 '게임에 대한 폭력성 실험'으로 피시방의 차단기를 내렸던 장면을 '호머'가 '바트'의 게임 대회 중에 차단기를 내리는 장면으로 풍자했다. 그리고 한국미래기술의 소유주 양진호 회장을 풍자하기도 했는데, 애니메이션에 등장하는 로봇은 바로 한국미래기술의 '유령 지점'에서 개발했다는 로봇과 굉장히 닮았다.

미국의 애니메이션이지만, 이처럼 거북스러운 내용을 애니메이션과 재미난 스토리로 재구성해서 한국 사람들에게 마케팅을 시도한 것은 대개 개인이 따라 할 수는 없는 부분처럼 느껴질 수 있다. 하지만 애니메이션 '심슨'의 기획 의도를 잘 살핀다면 충분하게 우리도 그것을 마케팅으로 재해석할 수 있다. 그렇다면 바이럴 마케팅은 정확하게 무슨 뜻일까? 컴퓨터 바이러스처럼 번져나간다는 뜻의 바이러스(virus)와 구두, 입을 뜻하는 오럴(oral)이 합쳐진 바이럴에 마케팅(marketing)을 합성한 용어다. 즉, 입에서 입으로 번져나가는 마케팅이라는 것인데, 내가 의도하는 내용을 타인이 입으로 옮겨주기 위해서는 소재 또는 스토리가 필요한 것이다.

심슨의 에피소드에서 한국을 풍자하는 일은 사실 많이 있었다. 우리나라뿐 아니라, 중국의 경우에는 방영 금지 처분이 나올 정도로 심슨의 풍자는 다양하게 퍼져 있는데, 세계 최대 인구의 중국에서 고작 애니메이션을 차단하는 것은 그만큼 바이럴의 위력이 강하다는 것이다. 정확하지 않지만, 우리나라에서 해당 에피소드를 짤막한 영상이나 사진으로 볼수밖에 없는 이유도, 국가적 차원에서 좋지 않은 이야기들을 또다시 사회적으로 쟁점이 되지 않도록 차단한 것이 아닐까 조심스레 예상해볼 수있는데, 그래도 해당 에피소드는 많은 한국인에게 인기를 얻으며 입에서입으로 번져나갔다.

애니메이션 심슨의 흥행 이유를 살펴보면 물론 탄탄한 스토리도 있지만, 타깃으로 하는 사람들이 공감할 만한 내용을 풍자하는 것이다. 결국, 기업이나 상품의 바이럴 마케팅을 기획할 때 가장 중요하게 생각해야 하는 부분은 나의 기업과 제품을 사용하고 이용해야 하는 사람이 모두 공감할 수 있는 스토리를 동반할 때 그 효과가 크게 나타난다는 것이다.

한 예로 안경점을 운영하는 'A 대표'와 'B 대표'의 SNS를 살펴보면 A 대표는 자신의 제품에 대한 사진과 기능에 대해 매일같이 업로드하며, 가끔 자신이 자주 가는 맛집들을 소개하고 주말 가족 여행, 모임 등의 내용을 함께 올렸다.

"신상품이 나왔습니다!

자외선 차단은 물론,

시력보호 기능이 200% 탑재!"

[해당되는 안경 사진 ①, ②, ③을 차례로 배열한 사진을

올려놓는다.]

"이번 주말, 사랑하는 가족들과 함께 다녀온 ○○○ 공원,

가족들이 있어 행복합니다. 여러분이 있어 즐겁습니다."

[① 가족 사진, ② 풍경 사진, ③ 매장 사진을 차례로 올린다.]

B 대표는 제품의 사진 대신, 제품을 구매하러 오는 고객들의 사연을
담아 업로드했다.

"첫 손님으로 방문했던 초딩 고객님^^

꼭 닥터슬럼프 아리를 보는 것만 같네요"

[① 고객과 상담하는 모습, ② 캐릭터 아리 이미지,

③ 손님과 함께 정면 사진을 올려놓았다.]

"갑자기 쏟아지는 비! 고객님 안경에 김 끼셨어요~

빼 드려야 해, 닦아드려야 해? 대략 난감….

일단 우산부터 빌려드립니다.^^"

[① 고객에게 우산을 주는 모습, ② 안경에 김이 서린 모습,

③ 안경 닦이 무료 증정 이미지를 올려놓았다.]

만약 두 명의 대표가 모두 나와 팔로워 관계라면, 어떤 대표의 게시글에 더 '좋아요.'를 누르고 싶은지 생각해보자. 그리고 만약 해당 인스타를 보는 중, 옆에 친구가 있다면 나는 B 대표의 포스팅을 친구에게 "아, 대박ㅋㅋ, 이거 봐ㅋㅋㅋ"라며 보여줄 것 같다. 조금 과장하자면, 내가 보여준 포스팅으로 내 친구는 B대표의 계정을 찾아 팔로우하지 않을까?

사실 A 대표의 포스팅도 보통의 사람들이 운영하는 계정이라고 하기에는 퀄리티가 있다. 우선 꾸준하게 업로드한다는 자체도 굉장한 열정을 가진 것이고, 자신의 일상과 고객을 생각하는 마인드를 어필하는 것도 올바른 마케팅의 정석이다. 하지만 A 대표 포스팅은 나의 고객이 공감할 내용이고, B 대표 포스팅은 나의 고객이 자신의 지인에게 전달할 만한 포스팅이다.

쉽게 풀어 이야기하자면 A 대표는 나의 기업과 제품을 '이용한' 사람들과 소통하며 감사의 마음을 전하기 위한 포스팅이고, B 대표는 나의 기업과 제품을 '이용할' 사람들을 위한 것뿐 아니라 '이용한' 사람들에게 재미와 감동을 모두를 제공하여 잠재고객까지 타깃한 포스팅이다. 이처럼 아무리 정성 들여 만든 포스팅이라 할지도, 바이럴 마케팅의 관점에서 볼 때는 기존 고객을 관리하는 수준에서 50점밖에 되지 않는 것이다.

상위 노출된 포스팅에 정확한 바이럴 기획과 클로징까지 구성된다면 어떨까? 백날 좋은 글 써 봐야 상위 노출되지 않는다. 잘 적은 글은 분명하게 고객을 불러다 주겠지만 1,000명의 고객에게 노출될 것이 열 명에게만 노출되는 것이다. '알고리즘에 맞는 글쓰기'가 분명하게 필요한 이유다. 더욱이, 마케터가 따로 없고 마케팅팀을 운영하지 않는 기업이라면 더욱, 하나의 글이 큰 영향을 미칠 수 있으니 주의해야 한다. 퀄리티를 포기하고 수량과 확률로 밀어붙이는 것은 개인이나 중소기업에 맞지 않는 방법이다. 적어도 두 명 이상의 마케팅팀이 없다면, 무모한 도전은 하지 말아야 한다.

'알고리즘에 맞는 글쓰기' 클로징은 어떤 것을 의미할까? 단순하게 생각하자면 사람이 보아도 거북스러운 과장된 영업 문구들은 올바르지 않다는 것을 누구나 알 수 있다. 그렇다면 자연스러운 클로징, 좀 더 고객을 끌어당길 클로징은 어떤 식으로 구성될까?

 이벤트? 사은품? 할인 행사? "1월 1~7일, 방문 고객님께 조건 없이 1+1 이벤트를 진행합니다!!" 매번, 모든 포스팅에 이런 이벤트를 진행한다면 얼마나 좋을까. 하지만 이는 잘못된 마케팅이다. 책의 앞부분에서 설명했고, 이러한 행사를 매번 진행해도 매출은 절대로 오르지 않을 것이다. 마케팅에서 가장 자연스러운 클로징은 영업적 기름기를 쫙 뺀 아쉬움의 인사다. 친구와 헤어질 때 우리는 어떻게 인사하는가? "잘 들어가고, 낼 보자~."라고 말할 것이다.

 "유익한 정보가 되셨길 바랍니다. 내일도 재미난 콘텐츠로 여러분과 함께할게요!"
 "배가 아카데미에서 뵙겠습니다!"

 SNS에서 댓글로 "내일 방문할게요!"라고 남길 사람은 몇이나 될까? 아마도 정말 친한 고객이거나, 내가 의도하지 않는 이상 없을 것이다. 하지만 나의 가벼운 마무리 인사에 긍정으로 답해줄 사람은 많다. "오늘 정보 너무 유익했어요.", "내일 콘텐츠 기대되는데요?"와 같은 가벼운 댓글들은 소속의 욕구 및 인정의 욕구를 충족시키는 데 큰 역할을 한다. 짤막하지만 긍정적인 댓글은 잠재고객들의 구매 의사와 나의 상품과 기업의 이미지에 긍정적인 역할을 한다.

상담과 판매는 매장에서 직접 하는 것이다. 오프라인이 아니라 온라인 사업이라면, 고객과 소통할 채팅 또는 메신저로 연결할 수 있는 링크를 준비해야 한다. 절대로 나의 SNS에서 영업 상담이나 판매가 진행되어선 안 된다. 이는 과거, 무분별하게 댓글 작업하던 업체들로 인해서 불쾌함을 느끼는 소비자들에게 과거 기억을 되살려 부정적인 이미지를 심어줄 뿐이다.

공지하지 말고 소식을 전하라

"험한 언덕을 오르기 위해 처음에는 천천히 걷는 것이 필요하다."

– 윌리엄 셰익스피어(1564~1616, 영국 극작가)

SNS가 막 유행하기 시작할 때 우리는 소식을 전하고 안부를 묻는 것보다 일방적으로 자신의 일상을 올리는 것을 즐겼다. 조금 부끄러움이 많은 사람은 매일 같이 올라오는 지인들의 사진에 댓글과 '좋아요'를 통해서 소통했고, 이내 타인의 관심을 받게 되자 이는 점점 자신을 내세우는 자랑의 문화로 번지기 시작했다. 그리고 해당 문화는 우리나라 사람들의 SNS 사용 지침이 되었다.

뭐랄까, 일기장으로 사용하라기에는 너무 깊고 메모장으로 사용하라기에는 너무 얕다. SNS를 이용하는 대부분 사람은 이렇듯 극과 극으로 사용하고 있다. 분명한 것은 둘 다 일방적인 소통방식이다. 아파트의 게시판에 붙은 내용은 말 그대로 소식을 전하는 것들이지만, 엘리베이터에 붙은 공사 안내문 또는 가스 검침 안내 등은 공지사항이다. SNS를 운영하면서 주의해야 할 점은 공지사항과 소식을 전하는 것을 명확히 구분해야 하는데, 대다수 초보자는 이 경계선을 구분하기가 쉽지 않다.

고객을 교육한다는 것이 어쩌면 '가르치려 든다.'라는 이미지로 생각할 수 있을 것 같아, 이번 장에서 조금 더 상세히 설명하려고 한다. 아마 이 부분을 완벽하게 이해한다면 공지와 소식의 차이를 충분히 이해하게 될 것이다. 우선 교육하라는 말은, 고객에게 무언가를 가르치는 것이 절대로 아니다.

"WHY ME?"
[Whole] : 전체, 모든, 온전한, [Hope] : 희망, 기대, [Yes] : 동의, 찬성
[W.H.Y] : 모든 희망과 기대에 대해 찬성해야 한다.

앞서 설명했던 [W.H.Y]에 대한 고객이 원하는 모든 희망과 기대에 대한 나의 찬성 의견을 전달하는 것이다. 고객에게 왜 나의 상품과 기업을

선택해야 하는지, 그 선택으로 고객이 얻게 되는 것은 무엇인지 가르쳐주는 것이다. 그것을 가르쳐주는 방법은 다양하다. 업종과 상품에 따라 더 많은 방법이 존재하겠지만, 아래 5가지만 기억해서 응용하면 모든 분야에 적용 가능할 것이다.

첫째. 상품을 응용한 과정 또는 그 결과
둘째. 서비스를 선택함으로 달라질 수 있는 부분
셋째. 매장에 방문했을 때 고객들이 느낀 감정과 만족
넷째. 기업을 선택함으로 고객이 얻게 되는 만족감과 가치
다섯째. 소비를 통해 고객이 얻게 되는 기회비용에 대한 기대요소

위 사항들을 고민해서 콘텐츠로 만들어 전한다면 그것이 소식을 전하는 것이다. 하지만 상품이나 서비스의 판매만을 업로드한다면 그것은 공지하는 것과 다를 게 없다. 소비자들은 이제 기업의 일방적인 광고에 절대로 움직이지 않는다. 오히려 그것으로 인한 부정적인 시선을 갖게 된다. 그러나 소식을 전하는 것으로 보고 듣고 느낄 수 있는 콘텐츠를 전달하면서, 생각하게 만들고 고민하게 만드는 것, 즐겁거나 슬프거나 공감하게 되는 것, 그저 지금 당장은 넘겨버릴지라도, 언젠가 필요로 할 때 나의 이야기가, 콘텐츠가 고객들의 인식에 남아 있는 것 그것이 중요한 포인트다.

저서 『덕 테이프 마케팅』 현재는 절판되어 구하기 힘들고 인터넷에서 최소 13~15만 원대 거래가 되고 있다. 저자 존 쟌스는 소규모 비즈니스 마케팅 강연가로 활동하고 있는데, 그의 말을 인용해서 2가지를 설명해보겠다.

"당신이 어떤 물건을 팔거나 서비스를 제공하겠다고 생각하건, 무엇을 팔지를 결정하는 것은 궁극적으로 고객이다. 당신은 결코 제품을 팔거나 서비스를 팔지 않는다. 당신이 팔아야 하는 것은 고객이 가지고 있는 문제점에 대한 해결책이다."

고객의 일상에 필요한 것은 무엇인지, 편안함을 느끼기 위해서는 어떤 것이 필요한지, 고객들이 얻지 못하는 서비스나 보상은 어떤 것이 있는지, 고객이 나를 선택하기 위해 두려워하는 것은 무엇인지 파악해야 한다. 그리고 밝은 희망 뒤에 감추어진 걱정과 두려움을 해결해주기 바라는 어두운 희망마저도 내가 충분히 해결하기 위해 노력하고 있으며, 당신의 의견에 찬성하며, 고민하고 있다는 것을 어필해야 한다.

"적합한 고객층을 찾을 수만 있다면, 더 이상 손해 보거나 회사를 이해하지 못하는 부적절한 고객들과 거래할 필요성이 없어진다. 나를 이해하고 좋아하고 신뢰하는 고객과 기분 좋게 사업할 수 있다."

"고객들이 구매를 거부하는 이유의 대부분은 다음 2가지 중 하나이다. 첫째 당신의 고객이 당신의 상품을 구매할 능력이 없는 고객이다. 둘째 당신의 상품에 대한 정보가 부족해 제대로 이해하지 못하기 때문이다. 당신의 역할은 2가지 중 어떤 이유에서건 고객의 거부감을 해소하는 것이다."

2가지를 인용했는데, 아마 필자가 마케팅에 대한 지식이 없는 상태로 이 문구를 읽었다면 앞뒤가 맞지 않는 이야기를 한다고 생각했을 것이다. 첫째는 부적절한 고객들과 거래할 필요성이 없다고 한다. 그리고 이내 모든 거부감을 해소해야 한다고 했다. 분명히 앞뒤가 맞지 않는 주장이다. 하지만 이것을 풀어 이야기하자면, 부적절한 고객은 갑질을 하거나 나의 소식에 부정을 전하는 사람이다. 그리고 상품을 구매할 능력이 없는 고객은 꾸준히 그들의 문제점과 해결방안을 제시하면서 끊이지 않는 소식을 전하는 것으로, 언젠가 구매 고객으로 전환하라는 의미로 해석하면 된다.

구매할 여력이 없는 사람들에게 '50% 파격 세일'이라는 세일즈 문구로 접근하는 것과, '12개월간의 긍정적인 변화를 제시하면서, 당월 한정 12개월 무이자 조건'으로 접근하는 것의 차이가 공지하는 것과 소식을 전하는 것의 차이다. '상품이 없으면 불편한 이유'를 설명하는 것이 공지하는 것이고, '상품이 있으면 좋은 이유'를 설명하는 것이 소식을 전하는 것이다. 꾸준하게 나의 소식을 전하면서 그들의 희망과 기대에 대한 나의 찬성 의견을 전달하는 것으로 모든 고객과 잠재고객을 꾸준하게 나의 팬으로 유지할 수 있는 것이다. 그리고 그들의 희망과 기대는 고객과의 정기적인 상담을 통해서 파악할 수 있고, 질 높은 상담은 콘텐츠로 이어지는 경우가 많다.

단, 블랙컨슈머 수준의 고객까지 고려하는 것은 소중한 잠재고객과의 상담기회를 잃는 것과 다름없다. 소식을 전하고 그들과 소통하면서 고객의 행동이나 언어들을 자세히 관찰할 필요가 있다. 두려워서 거부하는 것과 나를 거부하는 것은 확연한 차이를 갖고 있다. 개인 또는 중소기업 등의 소규모 마케팅에서 나의 소식을 전할 때 고객의 모든 희망과 기대를 고려하되, 모든 고객의 희망과 기대를 고려할 필요는 없다. 사실 그런 부류는 심리학을 조금만 공부하면 느끼겠지만 나와 회사가 성장하면 자연스레 나의 고객으로 유입될 확률이 높다. 대체로 부정적인 사람들은 의심과 편견을 많이 갖지만, 타인의 긍정에 따른 시기와 질투도 많이 하기 때문이다.

공지를 전하면서 나의 고객을 관리하는 것은 고객의 심리를 정확하게 알 수도 없으며, 그들에게 부정적인 이미지를 심어주는 경우가 많다. 하지만 소식을 전하면서 고객들과 올바른 소통을 한다면 그들이 자연스레 고민을 이야기하며 해결방안을 함께 찾게 되는 좋은 발판이 되어줄 것이다. 소비자들이 현명해지고 똑똑해진 만큼 일부 소비자들은 더 악랄해지고, 약아지기 시작했다.

미운 놈 떡 하나 더 줘봐야 나만 손해 보게 되는 것이다. 그들에게도 자신과 맞는 상품 그리고 자신이 선택하는 회사가 존재하겠지만 대부분 그런 고객이 많이 쌓이는 매장과 회사는 오래가지 못한다. 마진율도 낮고 VOC 발생 확률이 높아서, 나와 직원들의 피로도가 높아져 업무의 효율성이 떨어지는 최악의 상황으로 치닫게 된다. 과감히 정리할 고객은 정리하고, 남은 고객들에게 더욱 질 높은 소식을 전하는 데 신경 써야 한다.

전단지 대신 카드뉴스를 뿌려라

"내가 무슨 말을 했느냐가 중요한 것이 아니라, 상대방이 무슨 말을 들었느냐가 중요하다."

– 피터 드러커(1909~2005, 미국 경영학자)

"사람들은 1등만을 기억한다."

스마트폰!? "아이폰", "갤럭시",

청소기!? "다이슨", "코드제로"

김치냉장고!? "딤채", "LG",

자동차!? "벤츠", "현대"

아마도 누군가 질문을 던지면 우리나라 사람들의 대답은 위와 같을 것이다. 이는 고객들의 인식 속에 기억의 법칙이 적용된 것이다. 모든 고객은 자신의 인식 속에 최초로 입력된 가치를 최고로 인식하며 기억한다. 결국, 마케팅은 제품의 경쟁이 아닌 인지도의 경쟁이다.

『마케팅 불변의 법칙』 – #3. 기억의 법칙
"시장에서 최초가 되기보다는 기억 속에서 최초가 되는 편이 낫다."

기억의 법칙은 최초로 생산되는 것이 아니라, 기존의 가치를 그대로 보존한 채로, 새로운 가치를 부여해서 사람들의 인식에 최초로 자리 잡는 것인데, 이는 기존의 제품이 존재하는 것에 변형된 가치로 소비자들에게 접근해야 한다. 예를 들자면, 두 마리 치킨!? '호식이 두 마리 치킨'처럼 원래 치킨이라는 음식은 존재했지만, '두 마리'라는 수식어가 붙으면서 소비자에게 인식된 성공적인 사례로 볼 수 있다. 즉, 마케팅을 기획하고 진행하면서 사람들에게 최초의 이미지로 각인되고, 특정 단어를 소유하는 것이 성공적인 마케팅을 완성하게 되는 것이다. 수식어가 붙는 것 외에 재미난 단어, 외우기 쉬운 단어 등에 의미를 부여해서 마케팅에 사용되기도 한다.

『마케팅 불변의 법칙』 - #4. 인식의 법칙

"마케팅은 제품의 싸움이 아니라 인식의 싸움이다."

인식의 법칙은 기억의 법칙을 조금 더 쉽게 완성시켜줄 수 있다. 즉 이 법칙을 이해하고 응용한다면, 기억의 법칙을 보다 간편하게 소비자들에게 각인시킬 수 있을 것이다. 우선 사람들은 대개 자신의 경험을 근거로 타인과 대화하며, 사물이나 상황을 판단하게 된다. 트라우마 또는 자신만의 힐링 장소나 방법이 존재하는 것을 보면 그것이 분명하다는 것을 알 수 있는데, 각자가 기억한 대로 인식하여 그것을 받아들이기 때문에 사람들은 확실한 근거를 눈앞에 제시하지 않은 상태로 무언가를 묻거나 확인하면 자신의 주장을 먼저 이야기하고 굽히려고 하지 않는다.

실제로 세계 1위 코카콜라, 2위 펩시콜라의 블라인드 테스트(맛)에서 펩시콜라가 선택받으며 코카콜라는 1위 자리를 위협받기 시작했고, 이내 New Coke라는 신제품을 출시해 소비자에게 내놓으며 기존의 콜라에는 클래식이라는 단어를 붙였다. 그리고 블라인드 테스트에서 펩시를 이겼으나, 공개적인 시장조사에서 뉴코크 3위, 코카콜라 클래식 1위로 이해할 수 없는 결과를 마주했다. 분명 블라인드 테스트에 따르면, 뉴코크 1위, 펩시 2위, 코카콜라 클래식이 3위여야 했는데, 신기하게도 반대의 결과를 얻었다.

그리고 이 테스트에서 분명하게 느낄 수 있는 것은 기존의 코카콜라 클래식에 대한 소비자들의 기억·인식의 법칙에 의한 '간접인식'을 근거로 설문에 응답한 것이다. 이것은 결국 소비자가 구매를 결정할 때 '간접인식'을 근거로 실제 자신의 인식을 활용하지 않고, 주변 환경 또는 다른 사람들의 인식내용을 토대로 구매 결정을 한다는 것을 보여준다. 즉, 분위기에 휩쓸려 구매하는 경우가 많다는 것으로 해석할 수 있다.

『마케팅 불변의 법칙』 - #5. 집중의 법칙
"마케팅에서 가장 강력한 개념은 소비자의 기억 속에
하나의 단어를 심고 그것을 소유하는 것이다."

"일요일은 내가 짜파게티 요리사!" 이는 고객들의 인식 속에 집중의 법칙이 적용된 것인데, 고객들의 기억 속에 상품이나 기업을 어필하는 한마디를 심어둠으로, '짜파게티' 하면 일요일이 생각나고, 일요일에는 짜파게티가 생각나도록 한 것이다. 그리고 이것은 상품에 대한 가치를 바라보는 초점을 좁히는 것이다. 예시를 위해 질레트 면도기의 마케팅 사례를 잠시 파악해보자. 질레트는 1915년, 90도로 접히는 면도기를 개발해 휴대성을 편리하게 하여 군인들이 군 복무를 하는 동안에 무상으로 제공했다. 초반에는 막대한 자금이 투자되었고, 위험을 감수한 덕분에 편리함을 느끼고 제대하는 모든 군인을 평생 고객으로 만들 수 있었다.

위 카드뉴스를 제작하는 데 3장 모두 합쳐 15분이 걸리지 않았다. 저작권 문제가 있어, 제대로 된 콘셉트의 이미지를 삽입하지 못하고 짜깁기해서 어색한 부분이 있긴 하지만, 문구에 집중해보면 의미가 이어지게끔 스토리를 붙여넣었다. "딸-〉뽀뽀-〉수염-〉싫어-〉콕콕-〉박힌 수염-〉안녕-〉콕콕", 딸을 가진 3040 아빠들로 타깃을 좁혔다. 이어 콕콕이라는 단어를 몇 번 보고 읽게 되면서 자연스레 면도기가 필요할 때 '콕콕'이라는 단어를 연상케 하는 전략이다. 이 마케팅이 성공할지 어떨지는 진행하면서 [ROAS]를 분석하며 변경하든지 스토리를 이어가며 확장하겠지만, 적어도 딸을 가진 아버지들에게는 공감대를 형성하리라 생각한다. 최종적으로는 품질과 가격 경쟁력이 있다면 더욱 좋을 것이다.

같은 업종으로 '와이즐리' 면도기는 "최고의 품질, 모두를 위한 가격입니다."로 품질과 가격을 모두 마케팅한 것을 느낄 수 있다. 따라서 필자가 만약 면도기 마케팅을 진행한다면 이미 저렴한 가격의 고품질 면도기를 의식하고, 해당 콘셉트를 따라 하지는 않을 것이다. 1위를 탈환하기 위해 들어가는 마케팅 비용으로, 다양한 형태의 기억/인식/집중의 법칙을 이용해 마케팅하는 것이 훨씬 성공 확률이 높고 효율적이기 때문이다.

대부분 제품, 상품, 서비스에는 그만한 수식어들이 붙어 있다. 유치하거나 간결한 단어들이 오히려 사람들의 기억 속에 남기 좋다. 큰 기업들은 다양한 도전과 프로젝트로 시행착오를 겪으면서 진행하겠지만, 사실 소규모 마케팅에 있어서 '이런 것까지 신경 써야 하나?' 싶은 생각도 적지 않은데, 나는 "신경 써야 한다."라고 말한다. 다만 그 관점을 조금만 변경하면 된다. 어떤 수식어가 아닌, 소비자의 감성, 감정, 생각에 가닿을 이미지를 형성하는 것이다.

이는 그리 어렵지 않다. 앞서 강조했던 소식을 전하는 부분으로 충분하게 시도할 수 있다. 소비자들이 희망하는 내용을 파악하고, 그들에게 알맞은 소식을 전하며 인식되기 위해서 SNS용 카드뉴스를 제작하는 것이 가장 저렴하고 효과적인 방법이다. 단순히 제품이나 특정한 이미지를 올리고 내용을 삽입하는 것이 아니라 고객들이 궁금해할 내용과 희망하는 것을 모두 텍스트로 전환하고, 머릿속에 남을 수 있는 간결한 단어들로 변환하는 것이다.

아마 다음 카드뉴스의 소재를 완성하자면 딸이 면도기와 크림을 가지고 와서 "아빠 뽀뽀!" 하는 귀엽고 사랑스러운 모습을 연출하고, 1편에서 사용했던 "콕~콕!"이라는 단어는 딸이 아빠의 턱에 엄지손가락으로 "콕~콕!" 하는 것으로 이어지는 것이다. 여자아이 모델과 남자 모델의 분위기 연출이 중요하겠지만, 여자아이를 싫어하는 사람은 그리 많지 않다. 첫 장면에서 귀여운 여자아이가 면도기와 크림을 들고 "아빠~"를 찾는 모습을 생각해보라. 무조건 두 번째 카드뉴스로 넘어갈 것이다.

3탄은, "아빠가 변했어요", 잔뜩 삐쳐 있는 모습으로 면도기를 바라보는 꼬마 여자아이, 그리고 넥타이를 풀어헤치고 소파에 드러누워 있는 아빠의 모습으로 시작해 이내 면도 크림을 아빠의 턱에 바르는 귀여운 꼬마 여자아이, 마지막에 "아빠 일어나아!!" 하며 "콕~콕!"
아마 이 장을 넘기면 이내 머릿속에 "콕~콕!"하고 맴돌 것이다. ^^
총 9번이다.

그리고 지금 이 글을 읽어 내리며, 콕~ 콕! 10번.

경쟁사 분석을 전략적으로 하라

"자기보다 못한 자를 벗으로 삼지 말라."

- 공자(B.C.551~479, 중국 사상가)

불과 10년 전과 오늘 현재를 생각해보면 정말 많은 것들이 바뀌었다. 초등학교 때였나, 과학잡지를 보는데 조금은 어리숙한 그림을 보았다.

거기서 어떤 사람이 TV를 들고 걸어가는 모습을 보았는데 내가 중학생이 되고 정말 TV를 들고 다녔다. 그리고 현재는 눈앞에서 보는 듯한 화질의 4K 영상을 언제 어디서나 원할 때 볼 수 있다.

중학교 시절 아이템매니아를 통해서 '바람의 나라' 게임 아이템을 사고 팔았던 적이 있다. 그 당시 체크카드에 익숙하지 못해서 통장을 들고 은행을 찾아다녔는데, 지금은 스마트폰 하나로 몇 원부터 몇억 원까지 이체가 가능해졌다. 오늘로부터 10년 후에는 어떤 세상이 펼쳐질까 생각하면 가슴이 두근거리고 설렌다.

AI, 인공지능, 로봇 등의 기술이 발전하면서, 인류는 더욱 빠르게 진화하고 있다. 그리고 이런 시대의 변화에 따라서 기업들은 제품을 시장에 내어놓는데, 가장 가까운 예로 들면, 자동차 열쇠가 사라졌고, 주렁주렁 달고 다니던 집 열쇠도 사라졌다. 이내 스마트폰이 가까워지거나 멀어지면 도어락이 열리고 잠기며, 내가 퇴근하고 차에 타면 집에 있는 냉/난방기가 자동으로 켜져 쾌적한 온도를 유지한다. 과연, 10년 전의 나는 이런 세상을 상상이나 했을까?

그렇다면 10년 후의 나는 어떤 생활을 하고 있을까? 10년 전의 기술력으로 현재가 완성되었다. 과연 현재의 기술력으로 10년 후는 어떤 세상이 펼쳐질까? 사실 그것은 대기업이나, 과학연구소 등에 종사하거나, 관련 칼럼을 즐겨보지 않는다면 쉽게 예상할 수가 없다. 그리고 조심스레 예상하건대, 앞으로 내 주변 90%의 직업과 직장이 변화하고 회사가 없어질 것이라고 생각한다.

그리고 우리는 모두 그 미래를 충분하게 대비하지 않으면 지금의 삶보다 더 힘든 삶을 살아야 한다. 정말 빛의 속도로 발전하는 요즘이다. 눈을 뜨면 전 세계에서 수십 수백 개의 새로운 제품이 생겨나고 폐기된다. 눈을 감을 때는 수백 수천 개의 사업이 생겨나고 파산한다. 응당 남의 이야기만은 아닐 것이다. 곧 나의 이야기가 될 수 있음을 명심해야 한다. 세상은 나를 기다려주지 않으며, 기업은 나의 욕구에 맞추어 움직이지 않는다. 결국, 시장의 흐름에 따라서, 기업 이윤을 위하여, 낡은 것을 없애려 하고, 새로운 것을 계속 시장에 내어놓는다.

사실 기업의 마케팅을 조금 위험한 시선으로 본다면, 결국 소비자들을 거지로 만드는 것과 같다. 그리고 우리는 그 소비자 중 하나에 불과하다. 기업이 만들어내고 찍어내는 상품, 제품, 서비스 등은 앞으로 계속 변화될 것이고, 그 흐름에 따라서 새로운 직업이 생겨난다. 로봇을 만들고 AI를 개발하는 기업은 우리가 알던 과학자, 기술자가 아니다. 그들에게 돈을 주며 고용한 기업의 움직임을 유심히 관찰해야 한다. 우리가 분석해야 하는 것은 단순히 경쟁업체를 넘어, 내가 속한 카테고리의 가장 큰 기업의 가치와 방향성을 분석해서 판단하는 것이다.

카메라 회사였던 코닥의 과거를 돌아보면 쉽게 이해할 수 있다. 1888년에 설립된 코닥은 오랜 역사를 간직하고 있다. 하지만 2012년 역사 속으로 사라질 뻔한 최대의 위기를 겪었는데, 자신들의 기술을 너무 중요하게 여긴 탓에 디지털카메라를 큰 문제점으로 보지 않았다. 하지만 경쟁업체였던 후지필름은 전체 수익의 60%에 달하던 필름 사업의 자금을 제로화하면서 모든 자금을 디지털 시대에 대비해 기술을 키워갔다. 그러나 사실 코닥의 행보를 자세히 들여다보면 완전하게 손을 놓고 있지는 않았다.

디지털카메라 시장을 대비하기는 했지만 후지 기업은 어쩌면 무식하게, 무모하게 필름 사업에 대한 포기를 결심했고, 필름 사업으로 벌어들인 모든 자본을 이용해서 디지털카메라 시장을 대비하기 위한 철저한 계획을 세우고 빠르게 시장의 변화에 대비했다. 그러나 코닥은 당시의 매출을 유지하는 것에 중점을 두며, 기술의 발전보다는 현재 수익에 대한 마케팅을 우선시 여겨 끊임없이 필름 카메라에 대한 투자를 강행했고, 이내 경영진들은 앞으로 10여 년 남짓한 필름 시장의 마지막 작별 신호탄을 놓친 것이다.

2010년 말 즈음 코닥은 디지털카메라 사업을 유지하기 위해 기업 특허를 처분해서 자금을 만들었으나, 1년을 버티지 못하고 이내 모든 공장과 시설을 폐쇄하고 10만 명이 넘는 직원을 해고하였으나, 이미 부채는 50억 달러였던 자신들의 자산을 뛰어넘어 파산 보호 신청을 하면서 130년 넘는 기업의 행보가 막을 내릴 뻔했다.

필름 카메라 기업 코닥과 후지는 2000년대 이전에 태어난 사람이라면 누구나 알 것이다. 당시 필름 집, 사진관은 요즘의 편의점, 피시방 개수만큼 많았고, 슈퍼나 문구점에서 필름을 팔기도 했다. 사람들이 추억을 담고, 시간을 기록하기 위한 유일한 수단은 일기장과 필름이었기 때문이다. 하지만 디지털카메라가 무섭게 시장을 장악하면서, 동네에서 사진관 하나를 찾아보기가 어려울 만큼 많이 사라졌다.

이쯤에서 우리도 고민해봐야 한다. 내가 판매하는 상품과 서비스, 우리 기업이 추구하는 방향성이 언제까지 유지 가능한지에 대해서, 그리고 또한 경쟁사의 움직임, 대기업의 행보를 깊게 관찰해야 한다. 현재에 응용하기 위한 단순한 분석을 뛰어넘어야 한다. 미래 세상이 어떻게 변화될 것인지 예측해야 하며, 곧 다음 계절과 3년, 5년, 10년 후의 내 사업을 계획해야 살아남을 수 있다. 현재의 경쟁사 분석은 결국 카드 돌려막기와 같은 방식으로 운영될 뿐이다. 나의 경쟁사가 하지 않는 것들을 예상하고, 대비해야 한다는 말이다.

미래를 예측하며, 그들의 단점과 나의 장점을 조화시켜 새로움을 창조해야 한다. 하지만 고객의 관점에서 나의 새로움이 생소해선 안 된다. 뭔가 익숙하지만, 뭔가 다른 듯한 그것을 생각하고 만들어 미리 준비해야 한다. 고객은 시장 변화에 대해 가장 민감하지만, 누구보다 반갑게 맞이한다. 지금 당신이 얼마를 벌어들이건 상관없다. 만약 가까운 시일 내 당신의 사업이 위태롭다면 당장 모든 자본과 노력을 투자해 방향을 전환해야 한다.

우리가 예상하는 시기보다 더욱 빠르게 다가올 것이 분명하다. 이제는 단지 기존 경쟁업체들의 검증된 실패 사례와 성공 사례를 벤치마킹하는 것으로는 부족하다. 새로움에 도전하고, 그에 맞는 실패를 경험해야만 살아남을 수 있다. 지금의 고객들은 대중적이면서 특별한 제품을 찾고 있지만, 미래의 고객들은 빠르게 변화되는 상품과 서비스에 대한 기대도 분명히 가지고 있다. 미안하게도 고객의 입맛을 맞추는 것이 사업을 계획하고 시작하는 것보다 더 어렵다.

대체로 벤치마킹을 한다고 생각하면 바로 나의 동종 업계에 대한 분석을 떠올리곤 하는데, 사실 거기서 거기 아닌가? 단어 하나 바꾼다고 그 매장의 콘셉트가 우리 매장의 것이 되지는 않는다. 이는 오히려 소비자에게 '뒤처지는 매장'이라 낙인되기 가장 좋은 방법이다. 그렇다면 도대체 올바른 벤치마킹은 어떻게 하는 것이며, 전문가나 마케터들은 어디서 어떤 자료를 보며 벤치마킹하는 것일까?

우선 마케팅에 있어서 가장 중요한 WHY를 찾았다면 이제 내가 그것을 통해서 고객에게 어떤 것을 어필할 것이며, 어떤 결과를 원하는지 먼저 알아야 한다. 막연하게 '벤치마킹'하면 매출이 오를 것이란 기대는 하지 않는 것이 바람직하다. 실패할 확률이 99.9%이기 때문이다. 내가 원하는 WHY를 이용한 마케팅의 결과가 어떤 것인지 정하고 그것이 내방을 높이는 건지, 매출을 올리는 건지, 2호점을 오픈하고 싶은 것인지 등, 자신의 목적을 정한 후에 그 사례와 비슷한 다른 카테고리의 업종을 벤치마킹해야 한다.

A라는 상품에 B의 마케팅을 벤치마킹한다는 것은 결국 새로운 C가 탄생할 확률이 높다는 의미이다. 그리고 그 C는 소비자들에게 대체로 기존에 존재하던 내용이 합쳐진 것이기에 '새롭긴 하지만 뭔가 익숙한 그것'이 완성되는 것이다. 이처럼 익숙함 속에 새로움을 심어주면서 나의 경쟁업체와 차별화하는 것이다. 그리고 어느 정도 시기가 지나면 매출 또는 마케팅 효과에 대한 상승곡선이 오르지 않은 채 수평선을 그리기 시작할 것이다. 그러면 이때, 광고사를 통한 추가적인 광고와 마케팅을 진행하는 것이 좋다.

결국, 경쟁사의 모든 마케팅을 분석하는 것은 분명 도움이 되는 일이지만 사장인 우리가 굳이 마케팅을 심도 있게 다룰 이유는 없다. 큰 자본을 들여 프로젝트를 진행하는 것이 아니라면 다른 업종의 마케팅을 조금씩 가져와 나의 상품/서비스/기업에 적용해보며, 작게 작게 도전하고 분석하면서 반응이 좋은 몇 가지 광고들을 살려내며 광고비를 재편성하고 각 비율을 조정하면서 최종 마케팅 콘셉트를 맞춰가는 것이 효율적으로 운영하는 방법이란 것을 말해주고 싶다. 그런 일련의 과정을 겪고 나면 광고사와 대행사들로부터 '호갱'에서 벗어날 수 있을 것이다.

06

알고리즘이 좋아하는 글쓰기를 하라

"오직 마음으로 보아야 잘 보인다는 거야. 가장 중요한 건 눈에 보이지 않아."

– 생텍쥐페리 『어린 왕자』

필자가 처음 온라인 마케팅 공부를 시작할 때, 가장 쉬운 듯 하지만 어렵고 복잡한 것이 알고리즘이었고, 정확하게 파악한다면 손쉽게 추천 피드와 상위에 노출될 수 있다고 생각했다. 보편적으로 경험할 수 있는 전자책과 강의들을 봐도 알고리즘의 중요성에 대해서 부각하고 있었고, 아무나 할 수 있을 거로 생각했다. 그러나 1년이 넘도록 필자의 콘텐츠들은 인스타그램, 페이스북, 블로그, 유튜브 등등 어디에도 상위 노출되지 않았다.

당시 나는 50만 원 조금 넘는 VOD 강의를 결제했다. 뒤돌아 생각해보면 여태 수강했던 강의 중 최고 높았던 금액이 15만 원이었던 필자로서는 아주 큰 결심이 필요했다. 그리고 그때의 결정이 현재의 필자를 만들었다고 생각한다. 그 이유는 마케팅 강의나 교육업계의 특성을 파악하게된 것인데, 당시 강사의 이야기를 들으면서 깨달았다. 아주 잘 포장된 이야기로 50만 원 넘는 강의에서 알고리즘과 포스팅 품질에 관한 내용이 절반 이상을 차지했다.

[강의 내용]

1. 내가 해온 방식대로만 한다면 상위 노출이 된다.

2. 1일 1 포스팅으로 꾸준하게 글을 쓰면 된다.

3. 제목은 18~25자 이내가 좋은데 너무 억지스럽지 않고 자연스러운 것이 좋다.

4. 텍스트 수는 1,500타 정도가 좋은데, 조금 짧아도 되고 길어도 문제없다.

5. 이미지는 5장이 적당하지만, 3~ 10장도 괜찮다. [단, 직접 찍거나 만들 것]

6. 인용구와 문단을 잘 구분해서 가독성을 높이자.

결론. 노출보다 중요한 것은 여러분이 만드는 포스팅의 품질이다.

[필자 생각]

아마 조금이라도 네이버 블로그 알고리즘에 관심이 있는 사람이라면, 여러분이 가진 알고리즘에 대한 지식이 빠짐없이 담겨 있을 것이다. 역시, 50만 원짜리 강의는 그만한 가치가 있었다.

강의 내용에 거짓말은 하나도 없다. 전부 사실이다. 하지만 이 책을 내가 읽었다면 지금 바로 위에 [필자 생각]을 읽자마자 이 책을 덮어버렸을 것이다. [강의 내용]을 다시 해석하자면 아래와 같다. 우선, '블로그 지수', '포스팅 지수'라는 것은 존재하지 않지만, 필자가 전하고자 하는 내용의 이해를 돕기 위해 사용된 용어임을 참고 바란다.

1. 자신이 해온 방식에 따라 2~6항 모두를 충족한다고 해서 상위 노출이 되는 게 아니다.

2. 1일 1 포스팅은 '리브라' 알고리즘 시절에 먹혔던 내용이다. 꾸준하게 쓰면 그것으로 블로그의 지수에 긍정적인 영향을 주었던 시절이 있었다. 그리고 현재는 '카더라' 정보다.

3. 제목의 18~25자는 어디까지나, PC/Mobile 두 화면에서 화면 크기나 해상도 설정에 따라 한 줄에 노출되기 위한 것이다. 상위 노출의 알고리즘과는 아무런 연관이 없다. 중요한 것은 제목 길이가 아니라, 의도하는 포스팅 내용과 키워드의 연관성 그리고 배치가 중요하다.

4. 텍스트 수는 아무런 상관이 없다. 지금 바로 '비행기 표 예매'를 검색해보라. 현재의 책이 집필되는 당시 가장 위에 노출되는 블로거의 ID는 'bitbibi○○○' 이다. 글자 수는 800자 남짓이며, [, ~ ! , ;] 등과 같은 문자표를 제외하면 800자가 되지 않는다. 이럴 때 강사는 이같이 이야기할 것이다 "조금 짧아도 돼요~︿︿! " , 요즘 초등학생도 이같이 무책임한 말은 하지 않을 것이다. 그리고 텍스트 200자 정도에 이미지만 35장 있어도 상위에 노출되는 경우도 보았다.

5. 직접 사용한 이미지와 개수는 아무런 상관이 없다. '은행 영업시간'을 검색해보면, 현재 필자의 기준으로 'Feathe○○○' 블로거의 게시글이 3위에 검색되고 있다. 글자 수는 공백을 제외하고 350자가량에 문자표를 제외한다면 약 330자 정도 될 것 같다. 그리고 이미지는 어디선가 퍼온 달러 화폐 사진 하나만이 올라와 있다. 이는 4번 텍스트 수와 관련된 주장에 반대되는 포스팅이며, 이미지의 수에 기준을 정해서 매번 신경쓸 필요는 없다는 것을 의미한다.

6. 가독성을 높이기 위해서 인용구와 문단을 구분하는 취지는 좋다. 하지만 반대로 인용구로 인해서 포스팅 지수가 낮아질 수도 있음을 유의해야 한다. 그리고 가독성을 높이는 것은 어디까지나, 콘텐츠 소비자들의 집중력을 높이고, 이탈률을 낮추기 위한 것이지 절대 상위 노출과 관련된 알고리즘 응용이 아니다.

'노출보다 중요한 것은 여러분이 만드는 포스팅의 품질이다.'라는 결론을 필자의 생각대로 직역하자면 다음과 같다.

"여러분, 사실 저는 블로그를 열심히 운영하다 보니, 상위에 노출되었습니다. 그리고 강의 제안이 들어왔으나 사실은 제 블로그 운영에 대한 공식을 따로 정리하거나 정해둔 것이 없었어요. 그렇다고 대충 강의를 하기는 싫었고 여기저기 정보를 모아 공부하며, 최대한 저의 운영 방법과 비슷하게 범위나 수치를 조율했습니다. 틀린 것은 저의 생각대로 수정했고, 맞는 것은 그대로 좀 더 상세하게 설명했습니다. 중요한 것은 상위 노출이 아니라, 여러분이 의도하는 목적에 대해 소비자가 올바르게 이해하는 것 아닐까요?"

필자의 책을 제대로 읽었다면 여기서 분노해야 하는 부분이 3가지가 있을 것이다.

첫째. 결국 '카더라' 정보가 조합되었기에 별반 다를 것 없는 강의였다.

둘째. 중요한 것은 상위 노출인데, 왜 상위 노출이 중요하지 않다고 하는가?

셋째. '소비자가 올바르게 이해하는 것'이라며 나에게 합리화를 시도한다.

"나는 네이버 블로그 상위 노출이 하고 싶어서 알고리즘을 배우기 위해서 강의를 수강했는데, 결국 인터넷이나 유튜브에 떠도는 '카더라'의 총집합체를 50만 원이나 주며 수강했으며 그것도 모자라 네이버 블로그는 결국 소비자와 진정성 있게 소통하는 것이라며 마무리하는데, 그렇게 말하지 않아도 나는 소비자와 진정성 있게 소통하려고 했다. 그런 말을 들으려고 내 피 같은 50만 원 내고 강의를 수강한 것이 아니다."라고 말하고 싶었지만 그러지 못했다.

당시에 그 강사는 굉장히 유명했다. 그리고 지금도 유명하다.

그래서 뭔가 도움 되는 일이 있지 않을까 싶어 '오픈 채팅'에도 참여하며 열심히 배우기 위한 열정을 불태웠으나, 결국 내가 그 강의를 듣고 해당 커뮤니티에 참여해서 얻은 것은 나보다 초보였던 블로거들에게 내 포스팅을 공유하면서 방문자가 늘어났다는 것 정도다.

필자가 말하는 알고리즘이 좋아하는 글쓰기는 분명하게 존재한다. '카더라' 따위에 의존할 이유가 절대 없다. "그저 쓰다 보면 상위에 노출되겠지."란 목표 없는 희망 따위에 의존해서는 안 된다. '키워드', '카테고리', '이해수준'에 따라서 기간은 차이가 있겠지만, 분명하게 상위에 노출되는 기준들은 존재한다.

"선생님, 글을 쓸 때 공부한다는 생각으로 자료 수집하고 정리하고 내가 쉽게 이해할 수 있도록 다시 작성한다는 느낌으로 쓰고는 있는데, 쓰고 싶은 말을 어디에 끼워 넣어야 할지, 시작은 어떻게 해야 할지, 문단은 어떻게 구성하고 첫 문장을 먼저 쓸지, 핵심을 먼저 쓸지 도무지 감이 안 와요."

필자의 수강생 중, 20대 여성이 개인 코칭을 받을 때 물어본 내용이다. 사실, 당시 필자도 초보 강사였기 때문에, 그저 PPT로 만든 수업 외에 글쓰기의 공식이나 기준을 정해두지 않았었다. 질문 당시 가이드를 제공할 수 없었기에, 전화와 카톡을 통해서 피드백을 전달했는데, 수강생의 마지막 질문으로 인해서 나에게 배우는 수강생들이 조금이라도 더 빠르게 이해하기 바라는 마음으로 '콘텐츠 글쓰기 가이드'를 개발한 것이다.

"익숙해질 때까지 공식처럼 붙여두고 보면서 쓸게요!"

글쓰기가 어렵다던 수강생은 마케팅과 자기계발에 관한 칼럼을 꽤나 전문적으로 작성하는 수준으로 발전했고 그 실력이 너무 좋아서 내가 운영하는 배가 아카데미에서 코치로 활동하기를 제안했는데, 1초의 망설임 없이 답했다. 그리고 기쁘게도 지금 나와 함께 일하고 있다. 흔히 강사들이 이야기하는, '알고리즘에 맞는 글쓰기'는 그저 자신들의 강의를 알리기 위한 영업성 문구에 불과하다. 정확하지 않은 타인의 '뇌피셜'로 시간과 금전을 날려버리지 않기를 바란다.

알고리즘에 맞는 글쓰기는 없다. 좋은 글을 노출하기 위해 존재하는 것이 알고리즘이다.

07

온라인 마케팅 그다음 전략은, '내부광고'이다

"신념을 가진 한 명은 관심만 있는 아흔아홉 명보다 힘이 세다."

– 존 스튜어트 밀(1806~1873, 영국 경제학자)

"To be, or not to be, that is the question." 이는 셰익스피어(William Shakespeare, 1564~1616)의 인문 고전 소설에서 나오는 문구이다. 시대적 배경으로는 12세기, 그러니까 우리나라의 역사로 보면 고려 시대 정도 되는 때의 덴마크 왕국의 왕자 『햄릿』 왕자의 이야기로, 제목이 왕자의 이름이다. 책이 번역되면서 다양하게 해석되었는데 1964년에 최초로 양장본이 우리나라에 판매되었고, 1998년에 민음사에서 최종철 연세대

교수의 번역서로 최초 인쇄되며 현재까지 국내에서 다양한 번역서가 인쇄되었는데 20여 종이 넘는 번역서들은 각자 다른 느낌과 의미로 번역되었다. 그리고 필자는 그중 5가지를 옮겨보겠다.

있음이냐 없음이냐, 그것이 문제로다. - 민음사, 최종철

존재냐, 비존재냐 그것이 문제다. - 문학과 지성사, 이상섭

사느냐, 마느냐, 그것이 문제로구나 - 열린 책들, 박우수

살 것인가, 아니면 죽을 것인가, 그것이 문제다. - 아침이슬, 김정환

살아남느냐, 죽어 없어지느냐, 그것이 문제로다. - 전예원, 신정옥

어떻게 해석하느냐에 따라서 받아들이는 독자의 입장은 굉장히 달라진다. 이쯤 되면, 아마도 "죽느냐, 사느냐 그것이 문제로다."를 떠올리게 될 것이다. 미안하게도 필자는 독서평론가 또는 문화평론가가 아니므로 저 말이 어떤 책에서부터 해석되어 사용된 것인지는 모른다. 그러나 이런 다양한 해석으로 의미가 변질될 수 있다는 것은, 우리의 광고 문구나, 고객과의 대화 역시도 변질의 위험이 충분히 존재한다는 것을 뜻한다.

이 책의 내용을 인용해 '햄릿 증후군'이라는 신조어가 나오기도 했는데, 그 뜻을 보자면 선택 장애 또는 결정 장애와 유사한 말로, 햄릿 왕자가 '죽느냐, 사느냐'를 두고 선택하지 못하고, 우유부단하게 갈등한 것에

착안한 것이다. PC와 인터넷을 넘어 스마트폰까지 빠르게 확산하며 그에 따른 정보와 콘텐츠 역시도 흘러넘치기 시작했다. 콘텐츠 확산을 통해 소비자에게 노출되는 서비스와 상품들을 선택하는데 무리가 생겼고 결국 정확한 의사결정을 하지 못하는 것을 두어 '햄릿 증후군'이라 한다.

이를 응용하여 '큐레이션 서비스'가 등장했다. 대표적인 예로 '넷플릭스'가 있다. 처음에 인기·재미있는 DVD를 우편으로 배송해주는 사업이 현재 영상 스트리밍 플랫폼으로 발전되어 전 세계인의 사랑을 받고 있는데, 가장 원초적인 것을 보자면 신문과 케이블TV 구독 등이 있다. 이후 사용자의 취향에 맞는 상품, 서비스를 정기적으로 배송해주는 '서브스크립션 커머스'가 생겨났다. 면도날, 여성용품 등 주기적으로 소모되는 생활필수품을 주기적으로 배송해주는 상품적인 측면이 있으며, AI 빅데이터를 이용해 사용자의 취향을 분석해 콘텐츠를 추천해주는 현대판 넷플릭스를 떠올릴 수 있다.

필자가 앞에서 언급했던 빵집 마케팅에서 소비자들의 WHY를 파악해 배송하는 것을 이야기했는데, 그 역시 '서브스크립션 커머스'에 해당한다. 배달의 민족이 각 업체의 '큐레이션 서비스'를 모아 제공되는 서비스라면, 필자가 제시한 마케팅은 '서브스크립션 커머스'에 해당하는 것이다. 이처럼 온·오프라인에서는 점점 소비자의 '햄릿 증후군'을 이용해 추가적인 서비스를 개발하고 있다. 그렇다면 기업(매장, 쇼핑몰, 커뮤니티 등)에서 소비자들의 WHY를 응용할 방법을 찾는다면, 소비자들에게 정기권, 구독과 같은 형태로 제공될 수 있는 것이다.

"혹시 궁금한 것을 못 참는 독자가 계시면, 햄릿의 '죽느냐, 사느냐 그것이 문제다.'의 최초 번역 책을 찾아서 제게 메일을 보내주면 감사하겠습니다."

이처럼 우리는 현재 수많은 정보와 상품 그리고 서비스가 넘쳐나는 시대에 살고 있다. 커피만 보아도 그 종류가 무수히 많으며, 원두의 종류 역시도 어찌나 많은지, 커피에 큰 조예가 없는 사람이라면 뭘 마셔야 하는지 고민될 때가 많다. 메뉴에 '아메리카노' 하나만 있다면 고민할 필요 없이 바로 주문하겠지만, 종종 보이는 각 원두의 마니아들을 고객 군으로 타깃하는 브랜드들은 다양한 원두의 커피를 제공하는 것이다. 한때 다양한 원두와 커피를 제공하는 커피 브랜드를 자주 볼 수 있었다. 그러나 요즘은 대부분 유명한 2~3종의 원두를 제공하는가 하면, 스페셜 원두와 같이 매장에서 추천하는 원두를 판매하는 것을 볼 수 있다.

이 역시도 '햄릿 증후군'에 맞추어 마케팅 전략을 변경한 것이다. 다양한 선택의 폭을 주는 것은 고객에게 선택의 폭을 넓혀줌과 동시에 고민을 하나 더 추가해주는 것과 같다. 내가 판매하는 서비스와 상품이 대체로 많은 소비자가 찾는 것이 아니라면, 그것을 줄이는 방법도 분명 마케팅의 일환이며, 상품 또는 서비스를 매장 또는 기업이 추천하는 '내부광고'를 통해서 소비자의 선택에 도움을 주는 것이 분명하게 필요한 시점이다.

재미난 것은 '랜덤 박스', '아무거나', '사장님 추천메뉴' 등을 흔하게 볼 수 있지만, 이를 그냥 지나치는 사장님들이 굉장히 많다는 것이다. 실제로 필자의 매장에는 최소 20가지 이상의 상품이 있는데 그 카테고리는 결국 똑같다. 기능, 디자인, 가격 3가지만 다를 뿐 제품들이 하는 역할은 모두 동일하다. 고객들과 수많은 상담을 진행하고 직원들의 상담 결과를 분석하면서 느낀 점은, 분명히 한 번에 의사를 결정하는 사람에 비하여 수차례 질문과 고민 끝에 결정하는 사람이 더 많다는 점이다.

그런데 웃긴 건 손님은 결국 직원이 처음 또는 마지막에 추천해주는 상품으로 결정한다는 것이었다. 이후 필자는 직원들에게 주력 상품을 선정하고 그 외에는 상담에서 언급하지 않도록 하였고, 먼저 찾는 고객이 있다면 상품의 재고를 확인한 후 상담하는 것으로 영업방침을 변경했다. 사실 꼭 해당 상품이 아니라면 구매하지 않는 고객도 있다. 그러나 그 한 명의 고객을 놓치는 대신에 상담 시간이 현저하게 줄어들며, 계약 성공

률도 1.7배 이상 상승했다.

희망하는 상품을 판매하는 것은 상담 시간이 줄어들고 빠른 계약도 가능하게 하지만, 필자의 경험상 대부분 그런 고객들은 묻고 따지는 것이 많았다. 결국 상품을 정하고서 상담을 하더라도 대부분 서비스와 가격적 측면에서 흥정을 시도하는 경우가 많았고, 바로 우리 매장에서 구매하면 좋겠지만 그렇지 않았다.

"해당 상품이 준비되지 않았습니다. 현재 매장에서 추천하는 상품 A와 B는 고객님이 찾으시는 제품과 비교했을 때, ○○ 부분이 좀 더 긍정적이며, 가격적 부분에서 ○○한 차이가 있습니다."

이처럼 매장의 추천 상품이나 서비스를 게시해둔 POP나, 전단 등을 통해서 고객의 시선을 집중시킨 후, 그에 대한 상세 설명을 이어가면 의외로 쉽게 고객의 마음을 돌릴 수 있었다.

하루는 40대 중반쯤의 아주머님이 따님에게 선물하고자 매장에 와서 상품의 상담을 받았는데, 희망하는 상품을 매장에서 준비하지 못하고 있었다. 이내 고객은 상품이 준비되면 연락을 달라는 말을 남기고서 퇴장하였고 담당 직원이 나에게 찾아와 물었다. "사장님, 고객님이 해당 모델

입고되면 연락 달라고 하시는데 어떻게 할까요?" 나는 이내 고객의 번호를 받아서 전화를 걸었다.

"고객님, 방금 방문하셨던 매장의 재고 담당자입니다. 다름 아니라 찾으시는 제품을 저희 측에서는 준비해드릴 수가 없어 타 매장을 좀 안내해드려도 괜찮을까요?"

나는 당시 알고 지내던 사장님의 매장으로 고객을 안내했고, 1시간쯤 지나자 해당 매장의 사장님이 내게 전화를 했다.

"아~ 이 대표, 진상 고객 처리하기 싫다고 내한테 보내면 우짭니꺼!?"

결국 특정 상품을 찾는 사람들에게 그들이 원하는 상품에 대해 상담하는 것이 당장의 매출에는 부정적일 수 있지만, 그 사람들을 상대하느라 소비되는 직원의 에너지를 고려한다면 절대로 긍정적인 측면도 아니라는 것이다. 이런 고객층 대부분은 끝내 "좀 더 알아보고 다시 올게요."라는 답변이 대부분이며, 자신이 원하는 서비스가 완벽하게 제공되지 않을 경우 실패한 상담이 되거나 불필요한 시간이 낭비될 확률이 높다. 또한, 그런 고객들을 응대하다 보면 자연스레 부정적인 에너지가 직원에게 심어질 것이고, 성공 확률이 높은 다음 고객을 놓치는 '부정의 연쇄 살인'이 일어나는 것이다.

 직원의 긍정적인 멘탈이 무너지는 순간, 그 직원의 다음 실적이 함께 살해당하는 것이다. 그 진상 고객으로 인해서 내 소중한 직원의 실적과 수수료가 동시에 살해당하는 것이다. 오버해서 이야기하자면, 줄어든 급여로 실망한 내 소중한 직원은 다음 달 영업이 통째로 살해당하는 것이다. 그렇게 내 소중한 직원과 나의 관계 역시도 살해당하는 것이다. 당신의 사업장에 부정의 연쇄 살인마를 위해 아까운 직원의 시간을 소비시키지 말아야 한다.

08

5분 만에 우리 가게 홍보영상 제작하기

"만일 항상 하던 대로 한다면 항상 똑같은 것을 얻을 뿐이다."

– 카를 알브레히트(1920~2014, 독일 사업가)

2016년 동영상 콘텐츠들이 빠르게 확산되고 대부분 기업이 TV 광고
가 아닌 SNS를 통한 동영상 콘텐츠를 제작해 마케팅하기 시작했다. 이
러한 트렌드가 중소기업까지 자리 잡는 데는 약 2년여 정도가 걸렸는데,
당시에는 동영상 제작을 일종의 마케팅 전략 중의 하나로 생각했으며 높
은 제작비가 들었기 때문에 ROI를 생각한다면 높은 ROAS가 예상되었
어도 쉽게 접근할 수 없었다. (ROI는 전체 예산에 대한 각 지표의 효율,

ROAS는 광고 지출대비 효율이다.)

하지만 19년도 초부터 무서운 속도로 확산되기 시작했고, 이내 일반인들이 유튜브에서 유명세를 얻게 되었다. 대부분 유튜버는 자신들의 채널의 영상을 기획, 촬영, 편집 등 A~Z까지 거의 모든 부분을 직접 또는 팀을 이루어 운영했기 때문에 전문적으로 동영상을 제작하는 업체들에 비해서 단가가 비교적 저렴했다. 특정 항목이나 서비스 등은 별도 비용 없이 협찬을 통해서 마케팅이 진행되기도 하면서 엄청난 비용을 절감할 수 있게 된 것이다.

이로써 일부 기업, 상품에 대한 마케팅 전략 중의 하나였던 동영상은 모든 비즈니스의 마케팅 핵심으로 떠올랐으며 2019년 〈나스미디어〉에서 조사한 통계자료에 의하면 국내 인터넷 사용자 2,000명 중 스마트폰으로 인터넷을 사용하는 시간은 일일평균 166분이 넘었으며, 그중 동영상을 시청하는 시간은 약 76분 정도로 45%가 넘어 거의 절반에 가까운 수치를 보였다.

미국 최대의 미디어 콘텐츠 공유 플랫폼 '디파짓 포토스(deposit photos)' 블로그에 올라온 런던 예술대학교(University of the Arts London) 출신의 MA 출판사 직원, 마리아 시비르체바의 조사에 의하면,

16년~19년까지 마케팅 도구로 동영상을 채택한 기업은 63%에서 87%로 증가했으며, 동영상 미디어가 포함된 콘텐츠의 전환율은 80% 이상이며, 제품/서비스의 구매 의사에 결정적인 역할을 한다는 소비자의 비율이 90%에 달했다. 또한, 동영상이 전달하고자 하는 핵심 메시지를 기억하는 비율은 95%이며, 미디어 콘텐츠 소비자 전체 중, 48%가 사진이나 텍스트보다 동영상을 더 많이 공유하고 있다는 조사 결과를 얻었다고 한다.

이렇듯 마케팅에 있어서 동영상은 우리 생각보다 매우 큰 역할을 하고 있으며, 이는 곧 판매로 이어져 매출을 높이는 효과를 넘어, 브랜드의 가치를 전달하고, 기업이 추구하는 방향을 알리는 효과로 이어질 수밖에 없는 것이다. 이는 단순하게 기업에만 해당하는 것이 아니라 개인 마케팅을 하는 때도 해당하는데, 가장 가깝고 쉬운 예로 틱톡, 유튜브, 인스타그램의 릴스 기능을 활용해서 연예인들의 짤막한 영상(이하 짤)을 공유하는 것을 예로 들 수 있다. 그리고 요즘은 일반인들 역시 짤막한 영상을 통해서 인기를 얻기도 한다.

그렇다면 소규모 업체와 상품 등은 어떤 영상으로 마케팅을 해야 하는가에 대한 문제가 숙제로 느껴질 수 있는데 간단하게 3가지로 분류하자면 대기업의 상품을 판매하는 가전제품, 금융, 식당, 기타 도소매업(이하 판매업) 등과, 자사의 제품/신제품을 판매하는 중소기업(이하 중소기업), 각 분야의 전문 서비스를 제공하는 미용, 피부, 병원, 변호사 등의 사업자(이하 전문업)로 나눌 수 있다.

판매업의 경우, '상품과 매장/사업장 둘 중 어떤 방향으로 마케팅할 것인가?'에 대한 고민을 많이 하는데, 어렵게 생각하지 말고 자신의 상황에 맞는 방법을 택하는 것이 가장 현명한 방법이다. 여기서 필자가 말하는 자신의 상황이란, 신제품이 출시되면 해당 대기업은 전국에서 상품과 서비스를 필요로 하는 잠재고객을 대상으로 마케팅을 기획하고 진행한다. 따라서 내가 판매하는 상품의 마케팅은 충분하다. 하지만 어떤 매장은 장사가 잘되고 어떤 영업소는 실적이 거의 없는 경우, 바로 그것이 문제다.

물론 기본적으로 매장의 위치나, 상권에 따른 소비자의 유형과 경제여건 등의 영향이 있을 수 있지만, 장사가 잘되는 매장을 살펴보면 대부분 해당 상권의 손님보다는, 다른 지역 손님이 더욱 많은 경우가 대부분이다. 따라서 '자리 탓', '내방률'과는 연관성이 적다는 결론이 나온다. 본인의 판단에 특정한 이유로 해당 상권을 장악하지 못한다면, 다른 지역 고객을 타깃하는 것도 전략이다. 모든 업종에는 맥을 이어 내려오는 영업멘트, 방식 등이 존재한다. 심지어 프랜차이즈 음식점도 마찬가지다.

가장 처음 가맹/직영점을 계약하게 되면 본사의 직원들이 교육을 위해 매장에 상주하거나; 점주, 사장, 관리자급 점장 등이 본사로 가서 특정 기간 교육을 받는데 그 교육을 응용해서 각자의 운영방침이나 노하우 등을 반영하여 직원들을 교육한다. 즉 세세한 내용은 조금 차이가 있을 수 있지만 큰 범주를 벗어나지 않는다는 것이다. 그리고 우리는 이 점에 대해서 유심히 관찰하고 깊게 고민해볼 필요가 있다.

손님들이 불편해하거나 거북스러워하는 부분을 찾아보라. 그리고 그것을 마케팅하는 것이다.

어떻게? 상황극을 예로 들거나, 부정적인 요소들을 어필해서 영상으로 제작하는 것이다. 사람들은 가벼운 긍정에는 반응하지 않고, 가벼운 부정은 더욱 크게 만들려고 하는 심리를 이용한다면 충분히 성공적인 마케팅이 될 수 있다. 하지만 이것들을 텍스트나 단순한 이미지로 제작한다면 그저 부정적인 내용으로 판단되어 불필요한, 쓸모없는 자료로 분류되겠지만 시청각적인 요소를 포함한 동영상으로 어필한다면 어떨까?

적어도 그것을 본 사람이 바로 나의 매장의 고객이 되지는 못해도, 한 명씩 쌓여가는 콘텐츠의 인기도는 결국 알고리즘을 통해 많은 사람에게 노출될 것이다. 다른 지역 고객들의 긍정적인 반응으로, 해당 상권의 고객들에게 '인기 피드'로 노출되어 다른 지역뿐 아니라 해당 지역에서도 긍정적인 결과를 얻을 수 있게 된다.

동영상 마케팅이 온라인 SNS에서만 그 효과를 입증하지는 않는다. 2019년에 작성된 '고객들이 가게에서 비디오로 눈을 돌리는 예상치 못한 3가지 방법'으로 구글이 10개국 24,000명의 사람을 대상으로 설문 조사를 했고 125명과 직접 인터뷰를 통해 알아낸 바에 의하면 특정 오프라인 매장에 방문했을 때, 또는 무언가 필요로 할 때 사람들은 최종적인 구매 의사를 제공하는 것이 텍스트나 이미지로 구성된 광고가 아닌 동영상을 선택한다고 했다.

그리고 제품이나 서비스에 대해서 더 구체적이며 다양한 방면의 지식이 필요할 때나 어디에서 무엇을 찾고, 어떤 상품을 구매해야 하는지 확실하지 않을 때 주로 동영상을 참고하여 최종적으로 구매 의사를 결정한다고 한다. 더불어 다양한 영상으로 인해서 그들이 모르던 부분과 복잡한 제품, 또는 어려움을 겪던 부분을 해소할 수 있게 도움을 주는 것에도 굉장한 만족도를 보였으며, 어떤 브랜드나 제품이 자신들에게 필요한 것이 맞는지, 현재 자신의 선택이 현명한지에 대한 최종 결정을 내려야 할 때, 그러니까 쉽게 말해서, '살까, 말까?' 고민이 될 때, 그들은 비디오를 보며 구매에 대한 확신과 자신감을 얻는다고 한다.

동영상 마케팅은 단순하게 상품과 기업의 홍보만을 위한 목적을 넘어서 소비자들과 만나기 전에 충분한 설명과 장점을 어필할 수 있는 좋은 수단이며, 구매 이후 그들의 불편까지 덜어주는 사후관리의 수단이 될 수도 있다는 것이다. 이내 이것은 직원들의 업무시간에서 매출과 직결되지 않는 불필요한 시간을 절약하게 되는 것이다.

꼭 집어 이야기하자면, 구매 고객에게 군이 필요하지 않은 상품을 판매하기 위해서 그 이유를 설명하거나 상황의 예를 들어야 하는 시간을 단축하게 되며, 구매나 이용 후에 발생하는 문제점들에 대해서 고객이 동영상을 통해 이해하고 해결하는 기회를 제공함으로 이미 구매한 고객들이 직원의 스마트폰으로 전화를 거는 횟수를 줄일 수 있는 것이다. 그리고 이것은 또 다른 신규 고객을 마주하는 효율적인 시간으로 변화된다.

"고객님, 상담 시작 전에 동영상 한 편 틀어 드릴 테니, 5분 정도 집중해서 봐주시면 고객님과 저의 상담의 품질이 훨씬 향상될 것입니다. 보시는 동안 고객님에게 알맞은 상품 몇 가지를 준비해오도록 하겠습니다."

이 멘트에는 4가지 긍정적인 요소가 담겨 있다. 첫째, 고객에게 알맞되, 매장에 가장 도움이 되는 상품을 고를 수 있는 시간을 벌게 된다. 둘째, 매일 같이 반복되는 설명을 영상으로 고객에게 미리 안내함으로, 불필요한 상담을 줄여 시간과 에너지를 절약할 수 있다. 셋째, 사람이 말하는 것보다 이미 완성된 동영상은 더욱 높은 신뢰감을 제공한다. 넷째, 필자가 직접 해당 시스템을 매장에 적용한 결과, 상담 시간은 약 60% 이상 단축되고 당일 계약 성사율은 190% 상승했다.

필자는 약간의 포토샵과 아주 약간의 프리미어프로 사용 방법을 알고 있다. 하지만, 3~5분 내외의 영상을 제작하는데 정말 5분이면 충분하게 높은 퀄리티의 영상을 제작한다. 이는 어떤 큰 기술이 필요한 것이 아니라, 영상을 구성할 마케팅 측면의 영상 소스와 핵심 스토리를 정확하게 집어낸다면 아무나 5분 만에 좋은 영상을 제작할 수 있다.

제작 방법과 과정을 책에 담고 싶지만, 출판사와의 계약 조건에 따라 책의 페이지 수를 조율하다 보니 이 간단한 방법을 책에 담기 위해서 10여 페이지를 날려버리는 것보다는 더 중요한 마케팅의 본질과 그 이해를 돕는 내용의 8개 내용을 선택했다. 따라서 목차와 다르게 5분 제작 방법에 관한 내용이 삭제된 점을 양해 바라며, 책의 판매 부수가 늘어 수요가 많아지면 그때 다시 출판사와 계약 조건을 변경하여 보완하기로 했다. 필요하다면 '배가 아카데미' 카페를 통해서 공유할 예정이니 참고하기 바란다.

5장

-

고객 재방문율을
50% 더
올리는 기술

1.5 쩜오 전략은 언제나 먹힌다

"과거에 당신을 성공으로 이끌었던 바로 그 비결이 새로운 세계에서는 먹히지 않을 것이다."

– 루이스 에밋 플랫(1941~2005, 미국 기업가)

아마도, 여성분, 또는 여자친구가 있는 남성분 중에서 여자친구를 너무너무 사랑해서 네일 샵에 함께 가주는 남성분이라면 쉽게 목격하는 장면 중 하나, 헤어 샵과 함께 운영하는 네일 샵, 또는 마사지 샵과 함께 운영되는 네일 샵을 본적이 있을 것이다. 아니, 아마 많이 보았을 것이다. 이처럼 '샵앤샵'하면 대표적인 업종이 미용과 관련된 업종인데, 요즘에는 동전 세탁소(동전을 넣어 세탁기가 작동되는 무인 업체)에 무인 커피숍이 있기도 하며, 핸드폰 가게 또는 문구점과 함께 아이스크림 가게도 쉽게 볼 수 있다. 하지만 정확한 용어로는 '샵앤샵'이 아니라 '숍인숍'으로, 매장 안의 매장이라는 뜻이다.

그리고 음식점에 배달 프랜차이즈를 넣어 2개의 상호로 매장과 배달 영업을 함께 운영하기도 하는데, 이 역시 숍인숍이다. 고객은 모르지만 적은 비용으로 창업을 하거나, 매출의 증가를 위해서 기존의 음식 레시피를 응용해서 조리가 가능한 메뉴들을 가진 프랜차이즈를 찾거나, 아니면 상호만 변경하여 배달 서비스를 하는 경우가 많다.

"순댓국 배달 전문 프랜차이즈를 오픈합니다. 맛은 제가 보장하니까 한 번 주문해주세요!"

17년 겨울, 오랜만에 연락 온 고객이자, 거래처 사장님의 문자 한 통에 나는 화환을 보낼 주소를 물었는데, 사장님은 나에게 원래 운영하던 매장에서 숍인숍으로 운영하는 거라며 화환은 괜찮으니, 국밥이나 자주 시켜달라 하셨다. 원래 장사가 잘되는 감자탕집이라 조금 의아했지만, 지금 생각해보면 사장님의 판단은 굉장한 준비였다. 오프라인 고객이 점점 줄어들고 언택트 시대를 대비해서 맞춰진 발 빠른 대응이었다. 사실 사장님의 판단이 단순히 미래를 위한 준비라고 보는 것보다 더 높은 매출을 원해서 시도했던 변화였는데, 'COVID-19'가 확산하면서 오프라인 방문자는 줄었고, 매장 영업시간이 24시간에서 오후 9시로 제한되면서 매출이 줄었다.

당시 주변 상인들은 6개월 ~ 1년 이내 폐업하는 경우가 많았지만 감자탕 사장님의 경우 순댓국과 함께 팔던 17년의 겨울의 매출 대비 오프라인 매장 1개 수준으로 잠시 떨어지긴 했으나 그리 힘들지는 않으셨다. 필자의 경우, 해당 시기에 좀 많은 변화를 경험했었다. 모든 이야기를 다 담기에는 너무 길어지니 당시 사장님과의 술자리에서 오고 간 많은 대화 중 하나를 이야기하려고 한다. 그 대화는 사장님과 필자 모두 긍정적인 결과를 만들어낼 수 있었다.

"사실, 매출이 좀 오르다 보니 부동산에 투자한 것이 있어서, 실제로 지금 매출이 가게는 흑자가 맞지만 내 계산대로 하자면 마이너스야. 물론 금액적인 측면은 아니겠지만, 기본 지출이 높아졌으니 기존의 생활을 유지하려면 당장 돌파구가 필요하단 거지."

당시 국가에서 진행하는 사업을 보고, 사장님은 근처에 땅과 주택들을 매입했다. 큰 규모는 아니지만 몇억 원 수준이 자영업자들에게는 적은 금액이 아니었고, 지금 당장 매각을 하기에는 2년~3년 이내의 투자수익률을 포기할 수가 없었다.

이처럼 누군가는 허리띠 졸라매도 유지가 되지 않아 폐업을 선택했지만, 누군가는 그 당시에도 재산을 늘려가며 돌파구를 찾기 위해 애썼다.

"사장님, 배달 어플 말고 직접 포장이나 전화로 주문하는 고객들에게는 추가로 할인을…."
"아이고, 이 사람아 내가 진작 그걸 생각 못 했겠나. 그렇다고 큰 할인은 못 해주고, 다만 500원, 1,000원 할인은 해주고 있지! 근데 크게 다를 것이 없어, 어플에 적응이 되었으니…."

나는 요식업에 잠깐 일하며 그 운영 방식이나 매출에 대한 개념은 가지고 있었지만 마케팅적인 측면으로 고민해본 적은 없었기에, 뛰어나게 획기적인 방안을 이야기하지 못했고 이내 필자의 사업에 관한 이야기를 주고받았다.

"사장님, 제가 요번에 새로운 서비스를 하나 집어넣어볼까 하는데, 고객들의 시선에 보이게 하는 것이 좋을지, 아니면 뒤쪽 사무실 구조를 조금 변경해서 해당 서비스를 찾는 사람들은 따로 안내해서 모실지 참 애매합니다."

"이 대표, 오늘따라 나를 많이 당혹스럽게 하는구먼? 음식이나 파는 내가 뭘 알겠어, 그래도 나라면 시선에 보이게 하는 게 좋지 않을까 싶네만…."

"그래도 사장님이 장사 밥은 저보다 많이 드셨으니 여쭤봅니다. 그 서비스는…(중략). 어떤 쪽이 좋을까요?"

"안에 있어도 밖에 있어도 다 좋을 것 같은데? 나야 뭐 이 대표가 말하는 숍인숍이라고 해봐야 간판도 없이 응용해서 파는 것 말고 더 있겠어? 차라리 감자탕집 오픈할 건데, 다른 추가적인 상품이 없냐고 물으면 그건 내가 좋은 의견을 줄 수 있겠다."

대화는 큰 발전이 없었고 이내 소맥을 들이켰다. 소주 두 병에 맥주 일곱 병가량 마시다, "감자탕집 추가 상품은 뭡니까?"라는 나의 질문에 돌아온 사장님의 답변은 신의 한 수였다.

"나라면, 피크닉 세트, 모텔 세트 두 개를 기획해보겠네!"

"사장님 순댓국에 그렇게 하시지 왜 감자탕입니까?"

"순댓국은 그렇게 끓여봐야 화력이 약해서 맛이 덜해. 매장에서 끓여서 바로 먹는 그 맛이 날 수가 없어. 하지만 감자탕은 자글자글 전골처럼 먹으니까, 계속해서 끓이다 보면 크게 맛의 차이가 없거든."

그리고 이것은 결국 상품화되었다. 당시 대화에서 나온 콘셉트와 조금 달랐지만, 비용을 추가하면 일회용 냄비를 제작해서 가스버너와 함께 2만 5천 원 추가 옵션을 만들어냈고, 어플 아닌 전화 또는 방문으로 주문하는 사람의 경우 2만 원을 받고 버너를 대여해주었고 반납하면 다시 2만 원을 돌려주었다. 감자탕은 아니었지만 다른 메뉴로 피크닉 세트를 판매하고, 집합금지로 9시면 문을 닫는 술집을 떠나 2차, 3차 술자리를 모텔에서 이어가는 젊은 사람들을 타깃으로 한 인덕션 대여 상품까지 출시되었다. 그리고 사장님은 부동산 투자에 성공하셨고, 3억의 권리금을 받고 매장도 정리하셨다.

위 이야기는 책의 재미와 이해를 돕기 위해서 필자가 내용을 조금 입힌 것이다. 사실 사장님은 어떤 도전도 하지 않았고, 끝내 감자탕을 판매하던 식당은 임대 내어놓았으나 팔리지 않아 권리금도 못 받은 채로 장사를 접었고 15평 남짓 작은 가게를 얻어 배달 전문업체로 순댓국만을 판매하고 있다. 하지만 위의 대화와 아이디어는 분명 사실이었다. 그리고 이내 배달의 민족에서 일회용 냄비를 함께 보내주는 옵션이 추가되는 것을 보며, 당시 우리의 대화가 이내 현실이 되지 못한 것을 아쉬워했다.

숍인숍이 1+1의 개념이라면, 이는 1.5(쩜 오) 개념으로 접근한 것이다. 음식을 먹기 위해서는 조리를 해야 한다. 그리고 조리를 위해 필요한 어떤 것을 함께 판매한 것이다. 흔히 감자탕을 주문하면 서비스 음료수나, 돈가스 몇 조각이 제공되지 않더라도 부가적 수요에 의한 주문은 끊이질 않을 것이다.

예쁜 머리를 하러 방문한 헤어 샵에서 손톱을 손질하는 것도 좋지만, 손질 후 샴푸를 하는 과정에서 깨끗한 세안 법을 연구하고 개발해서 세안과 함께 피부 영양과 보습을 제공하면 어떨까? 그리고 기초화장을 제공한다면? 전문적인 메이크업을 매번 받는 것은 비용이 부담되겠지만, 기초화장 정도는 부담 없는 가격으로 이용할 수 있지 않을까? 이것이 잘 된다면 부가적으로 판매할 수 있는 아이템들이 무궁무진하게 많아진다.

헤어 샵의 목적은 머리카락을 자르거나, 스타일을 만들기 위해서이다. 그리고 그것을 좀 더 큰 시선으로 바라본다면, 아름다워지고 싶은 욕망을 채우기 위해 방문하는 곳이다. 그렇다면 머리카락에 집중하는 것도 중요하지만, 고객의 욕구를 채워줄 다른 '쩜오 전략'을 찾아야 한다. 중요한 것은 '어차피'하는 거라면, '없어서' 불편하다면, '만약에' 존재한다면 3가지를 고려하면, 충분히 쩜오 전략에 성공할 수 있을 것이다.

필자의 경우 처음에 상품과 관련된 액세서리, 부가 제품들을 도매로 가져와서 매장에서 판매할 계획이었다. 하지만 사장님과의 대화 이후에 그 수요를 걱정했고 이내 새로운 사업을 하지 않았다. 그리고 얼마 있지 않아 필자가 생각했던 그런 숍인숍의 매장이 오픈했으나 1년 채 되지 않아 폐업하는 것을 보며, 그날의 이야기에 감사했다. 당시 준비 과정에서 파악해둔 도매 판매가격을 알고 있었기에 그냥 포기하는 것이 좀 아쉬웠던 필자는 거래처를 찾기 시작했고, 판매를 목적으로 하지 않았기에 대량으로 구매하지는 못했지만 샘플 몇 가지를 매장에 비치하고 최소 배송 개수를 협의해 달에 두 번 도매 유통업체로 주문을 넣어 고객들에게 배송했다.

이는 실제로 온라인과 오프라인에서 판매되는 제품이었다. 브랜드가 없는 저렴하며 쓸모없는 사은품 또는 금세 망가지거나 실용적이지 못한 사은품을 대신해 몇 가지 제품들을 구비했다. 전혀 필자의 상품과 상관이 없으나 누구나 사용 가능한 그것을 함께 무료로 제공하니 소문은 순식간에 퍼졌고, 2개월 차에 매출은 약 140% 상승했다. 필자가 말하는 '쩜오 전략'의 핵심은 최소한의 리스크를 가지되, 모두가 만족할 수 있는 서비스를 찾아내어 적용하는 것이다.

고객이 들어오고 싶은 매장을 만들어라

"그것이 공장을 떠날 때는 '립스틱'이지만, 백화점의 카운터를 넘어서면 그것은 '희망'이 된다."

– 찰스 레브슨(1906~1975, 미국 기업가)

한국인의 '최애' 음식이 무엇인가? 삼겹살이다. 지글지글 고기를 구워 흐르는 기름에 김치와 콩나물을 얹어 볶는 그 맛을 글로 적어 어찌 표현하리. 두말할 것 없이 남녀노소가 좋아하는 음식이다. 필자가 사는 동네는 인구 30만의 소도시이다. 하지만 백화점과 영화관, 대형마트가 있으며 30분 이내에 바다와 산이 있고, 도시 전체를 남강이 둘러싸고 있다.

이렇게 아름다운 도시에 수많은 프랜차이즈가 들어오기만 하면 망했다. 그만큼 브랜드 인지도보다는 지인 장사 또는 입소문의 영향이 굉장한 도시임을 의미하는 것이다.

12개의 롯데리아가 있는 반면에 KFC는 단 하나의 점포만이 운영되고, 맥도날드는 네 곳밖에 없다. 그러나 이런 대형 프랜차이즈는 수요와 공급에 따라 본사의 지침에 의하여 개설되지 않는 경우가 많아서 지역의 특색을 논하기 어렵지만, 중소형 브랜드의 경우는 말이 다르다. 하지만 주변의 도시에서는 굉장히 성행하는 가맹점들임에도 필자의 도시에서는 1년을 버티지 못한다.

대표적으로 한ㅇ포차가 한창 유행하던 시절에 필자가 사는 동네의 대학로에도 오픈을 했는데, 이 역시 1년이 채 되지 않아 매장을 내놓았다. 일곱여 명 있던 직원들이 두 명으로 줄고, 품절 메뉴가 늘어났으니 식자재도 줄였을 것이다. 하지만 2년을 넘기지 못하고 결국, 매장 인수가 아니라 간판을 변경해서 운영했다. 하지만 재오픈 6개월 후, 또다시 손님이 끊어지고 한ㅇ포차에서 간판이 변경되기까지 총 3년을 버티지 못하고 폐업한 것이다. 우연히 해당 매장에서 근무하던 직원과의 대화를 나누게 되었는데, 그 직원이 필자가 앞서 이야기했던 나의 사랑하는 동생이자 나의 오른팔이 되어준 아이다.

사실 문제는 본사의 운영방침 또는 마케팅이나 음식의 맛이 아니었다. 바로 당시 점포를 운영하던 점주의 문제였다는 것을 알 수 있었다. 필자가 말하는 '고객이 들어오고 싶은 매장'은 '청결한 매장, 깔끔한 매장'을 의미하지 않는다. 희망이 있는 매장을 의미한다. 그렇다면 그 희망이라는 건 무엇을 이야기할까? 맛있는 음식? 친절한 직원? 이성과의 술자리? 새로운 인연을 만나게 해줄 헌팅? 여러분이 음식점에 들어설 때 희망하는 것은 무엇인가?

1. 음식이 너무 맛있음, 그러나 직원이 불친절함
2. 음식은 맛이 없으나 서비스가 좋으며 직원이 친절함
3. 음식의 맛, 서비스, 직원의 친절도, 모두 무난하지만 위생적이지 못함

만약 여러분이 세 매장 중 한 곳에 방문해야 한다면 어디로 방문하겠는가?

필자는 1번을 택했다. 그리고 필자의 가장 친한 친구는 2번을 선택하는 편이다. 그리고 3번의 집의 경우에는 사실 개인의 입맛에 따라서 호불호가 나누어질 거로 생각한다. 그런데 만약 '4. 직원의 친절, 서비스, 위생은 모두 좋으며, 음식의 맛은 보편적.'이라는 보기가 있고 현재 무언가 마땅히 갈 곳이 없다면 나는 무조건 4번을 택한다.

그리고 이는 18년 지기 친구도 마찬가지일 것이고, 여러분도 마찬가지일 것이다. 그런데 대개 4번에 해당하는 음식점은 없다. 기본적으로 직원이 친절하며 서비스가 우수하고, 매장이 청결한 곳의 사장은 이미 마인드가 희망으로 가득 차다 못해 그것이 자아를 넘어 현실에 나타난 매장이기 때문이다.

그리고 사장이 희망적이라는 것은 직원도 희망적일 수밖에 없다는 것이다. 하지만 대부분 우리는 이 사소한 희망을 캐치하지 못한다.

"곧 네가 점장이 되면, 월에 500만 원은 그냥 벌게 될 거야."

위 대화는 필자가 사랑하는 동생에게 했던 말이다. 처음 매장을 인수했을 때, 동생에게 희망을 심어주었고, 많은 일이 있고 사소한 의견 차이가 있었지만 이내 마음을 잡고 필자의 운영 방식에 따라주었다. 3개월이 채 되지 않아 매장의 점장이 되었는데, 앞서 이야기했던 본사에서 무상으로 임대해준 매장에 대한 필자의 욕심으로, 사랑하는 나의 동생, 이별을 노래하는 슬픈 청년이 견딜 수 없는 시련과 고통을 짊어지게 만든 것이다. 그간 얼마나 외로웠을까, 얼마나 괴로웠을까? 생각하면 지금도 미안함에 잠이 오질 않는다. 만약 그 동생이 이 책을 읽는다면, 꼭 한 번 만나 진심 어린 사과를 전하고 부족한 리더였던 나를 용서받고 싶다.

그렇게 처음의 나는 슬픈 청년에게 희망을 전했다. 그리고 필자가 욕심을 내면서 불가피하게 완전하지 못한 그 아이가 무거운 짐을 짊어지게 되었는데, 당시 필자의 생각은 단 한 치의 거짓 없이 진심이었지만 단지 내가 짊어져야 할 책임의 무게 그 이상도 이하도 아니었다.

"상황이 이렇다 보니 빠르게 점장이 되었지만, 조금만 더 노력하면 월 500만 원은 우스워질 거다. 거의 다 왔으니 조금만 버티자."

정말 조금만 아주 조금만 더 내게 시간이 주어졌다면, 그리고 그 동생에게 내가 가진 지식과 노하우를 조금만 더 알려주었다면 어땠을까? 희망은 딱 거기까지였다. 필자가 욕심을 가지는 순간에 동생은 희망을 잃고 추락하기 시작했고, 이내 실적은 바닥을 보였다. 5위권 안에 들던 매장은 이내 다시 꼴등 매장으로 전락하기 시작했고, 슬픈 청년의 자존심이 점점 무너져갔다. 그로 인해 자존감이 낮아지기 시작했는데, 필자는 그것을 그저 어리광으로 생각했다. 채찍과 당근을 누가 이야기했던가. 어리석은 리더였던 내가 채찍과 당근을 선택한 것은 최대의 실수였다.

그렇게 그 슬픈 청년은 사랑했던 내가, 그리고 가장 믿었던 내가 채찍을 선택하자 외로움과 두려움에 치가 떨렸을 것이다. 자존감이 아주 높았으며, 영리하며, 부지런하고 성실했던 그 아이에게 패배를 맛보게 하고, 좌절을 경험하게 했으니 모든 것은 내 탓이었다. 이내 외로움과 두려움 그리고 괴로움을 이기지 못하고 도박에 빠진 난봉꾼에게 자신의 아픔을 기대기 시작했고 둘은 점점 친해져갔다. 그리고 그 끝은 이별이며 어린 필자에게는 배신으로 느껴졌다. 하지만 이제는 알고 있다. 우리는 그 누구도 배신한 것이 아니라는 것을. 단지 희망을 버렸고, 짓밟았고, 잃어버렸다. 그것으로 추락했고 떨어졌으며 찢어지고 깨진 것이다.

동생이 그만두고서 필자가 알게 된 몇 개의 거짓말로 이내 희망이 사라지면 매출도 사라진다는 것을 깨달았다. 내게 거짓 정산을 보고했고 이내 그것들이 고객의 클레임으로 접수되기 시작했다. 금액이 적은 사고 건은 굳이 연락하지 않고 처리했으나, 간혹 몇십만 원 단위의 사고건들이 있을 때면, 내 전화는 받지 않아 다른 직원을 통해 소통하고 해결했다. 그래도 자신의 계약 건에 대해 끝까지 책임진 슬픈 청년의 마음만큼은 정직했으리라….

필자의 경험담이 여러분에게 좋은 예가 되었으면 좋겠다. 필자 역시 당시의 경험을 토대로 현재의 나로 발전했지만, 굳이 좋지 않은 경험을 할 필요는 없으니, 한 번쯤 돌아보기 바란다. 직원의 자존심과 자존감을 의도치 않게 건드린 적은 없는지, 또는 매장의 엄격한 규율로 인해 그들이 속박되거나 구속받거나 힘들어하지는 않는지.

고객이 들어오고 싶은 매장을 만드는 것은, 상품 또는 서비스의 품질 같이 고객이 직접 느끼는 것에 있지 않다. 나의 매장, 회사를 구성하는 나를 비롯한 모든 구성원의 마음과 철학에 있다. 그들에게 희망을 심어주는 방법은 다양하다. 사소하게는 조기 퇴근과 깜짝 보너스가 있으며, 크게는 희망적인 미래를 보여주며 보장하는 것에 있다. 그들에게 안정적인 미래를 보장하기 위해서는 반드시 나의 경영철학과 가치관이 올바르게 움직여야 한다. 아무리 좋은 조건의 미래를 약속하더라도, 기본에 충실하지 못하다면 그것은 그저 허상에 지나지 않는다.

백날 떠들어봐라, 직원들은 사장의 마음을 전부 알고 있다. 확실한 몇 가지의 가치관을 정립하고 그 이외의 불필요한 감정 소비는 줄여야 한다. 조금 지저분하면 어떤가? 조금 부족하면 어떤가? 좋은 직원이란 운명에 따라 만나는 것이 아니고 인복에 따라 만나게 되는 것도 아니다. 내가 꿈꾸는 나의 희망과 바람에 대한 간절함의 크기에 따라, 직원의 희망과 바람도 만들어지는 것이다. 그리고 그들의 희망이 곧, 고객의 희망이 되는 것이다.

음식의 맛은 아주 사소한 식자재의 보관부터 시작된다는 것을 백종원 대표의 〈골목식당〉을 보면 알 수 있다. 누군가 또는 본인이 깜빡하고 음식의 보관을 잘못했더라도 희망이 있는 직원은 그것을 알아서 정리하고 있을 것이며, 부정에 가득한 직원은 그것을 보고도 못 본 척할 것이다. 그리고 매장의 청결은 아주 사소한 직원의 관심에서 시작된다. 출근과 동시에 부정적인 생각을 가지는 이들이 어떻게 사소한 관심을 가질 수 있는가? 그러나 자신의 꿈과 미래가 있다면 결국 자신의 집처럼 청결을 유지하려 노력할 것이다.

"직원의 희망과 미래, 그리고 꿈이 있는 곳의 서비스는 모든 것이 완벽하다."

기존 고객을 홍보맨으로 만들어라

"고객을 영업사원으로 만들어라."

– 마크 러셀 베니오프(1964~, 미국 기업가)

'1=250'이라는 공식을 본 적 있을 것이다. 이는 『유대인의 생각 공부』라는 책의 5장에 등장하는 공식인데, 풀이하자면 '한 사람 뒤에는 250명의 잠재고객이 있다.'라고 한다. 내 경험상 고객 한 명이 250명을 불러오는 적은 듣지도 보지도 못했지만, 고객 한 명으로 인해서 매출이 크게 오르기도 하며 내릴 수도 있다는 의미로 받아들여졌다. 필자의 해석대로 풀이하자면 한 명의 고객은 250명의 새로운 고객을 데려오는 것뿐만 아니라 250명의 고객을 잃을 수도 있다고 하는데, 그만큼 한 명의 고객을 소중하게 여겨야 한다는 의미다.

1호점을 운영하며 새로운 직원 한 명을 채용했다. 기존의 직원들에게 새로운 직원을 추천하고, 그 직원이 6개월 이상 근무 시 100만 원의 인센티브를 지급하겠다고 하였더니 그 자리에서 다들 전화를 돌려 일해볼 마음이 없냐고 물었다. 이내 여직원의 아는 동생이 관심을 보였고 내 기억으로 당일에 바로 면접을 보러 왔던 것 같다. 당시에는 크게 면접에 대한 개념이 없었기에, 그저 용모단정하며 언변이 뛰어난 친구라면 좋을 것 같았다.

첫인상이 굉장히 좋았는데, 사실 좋다기보다 그냥 해맑아 보였다. 갓 스무 살을 넘긴 여직원을 채용했는데, 요 녀석의 지각 신드롬은 참 굉장했다. 아, 물론 그 소개한 아이가 더 심했지만, 영업적 측면에서 둘은 환상의 콤비였다. 이제 갓 20대 초반의 여자아이 둘이서, 시장에 홍보를 나가면 꼭 한 건씩 실적을 올렸다. 시장을 동서남북으로 나눈다면, 서쪽과 북서쪽(이하 서쪽)을 제외한 나머지 상권에서는 꽤 실적이 좋았지만, 서쪽에는 꽤나 오래된 매장이 있었고, 내 나름 '업계의 선배님이다.'라는 생각으로 서쪽 상권은 일부러 가지 않았다. 직원들에게도 해당 방향으로는 영업을 가지 말라고 당부했다.

그러던 어느 날, 여직원 둘이서 오전에 나가서는 오후 4시까지 들어오지 않더니, 갑자기 걸려온 전화 한 통을 받자마자 엄청난 굉음과 함께 "사장니이이이이이이이임!!!!!!!!!!!!!!!!!"하고 나를 불렀고, 진심으로 귀가 떨어져 나가는 줄 알았다. 하지만 그렇게 밝고 우렁찬 목소리로 나를 부르는 것이 그냥 딱 봐도 뭔가 대박 건수가 터졌구나 싶었다. 그리고 이내 내게 몇 가지 복잡한 설계를 부탁했고, 꽤 오랜 통화 끝에 계약하는 것으로 고객의 서명을 받아왔다. 그날 저녁부터 매일 꾸준히 하루도 쉬지 않고 회식을 했다.(잦은 회식이 좋지 않음을 나중에 깨달았다. 좋아하는 직원이 있는 반면에 그렇지 않은 직원들은 눈치를 보며 따라오는 경우가 많으니 주의하면 좋겠다.)

왜 그런 회식의 연속이 되었을지 대충 짐작이 올 것이다. 시장통에서 꽤나 영향력 있는 고객을 상대로 계약을 따온 것이다. 이후 정말 하루도 끊이지 않고 소개를 받았고, 거짓말 조금 보태어 약 1개월간 30건 넘는 계약을 성사시켰다. 입사 두 달이 조금 지난 여직원과 한 달도 채 되지 않은 여직원 둘이서 만든 결과였다. 정말 '노력이 결실을 맺는다.' 이것을 현실로 표현하자면 그때의 두 직원의 계약을 의미하지 않나 생각한다.

사실 저 계약을 따내고 난 후 막내 여직원은 일을 그만두었다. 일이 힘든 것도 있었지만 조심스레 예상하는 것은 어린 나이에 놀고 싶은 마음이 강하지 않았나 생각한다. 그리고 홀로 남은 여직원이 혼자서 시장 상인들을 대상으로 열심히 영업했고, 이내 2호점을 오픈하며 매장을 옮겨가게 되었다. 해당 매장이 1호점보다 해당 상권과 가까웠기 때문이다.

그러나 2호점을 인수하고 얼마 지나지 않아서, 지각의 빈도수가 높아지고, 출근 시간 역시 턱없이 늦어졌다. 나는 그것을 참지 못하고, 고치든지 퇴사하든지 선택하라는 말에 처음에는 고쳐보겠다 하였으나, 이내 연락이 두절되며 자연스레 퇴사하게 되었는데, 인수인계가 없었던 문제가 있어 마지막 시장 상인의 사후관리가 제대로 이루어지지 못했다.

그것을 계기로 이후 해당 상권에서는 단 한 건의 계약도 발생하지 않았는데, 그때 한 명의 고객이 정말 엄청난 결과를 가져온다는 것을 뼈저리게 느꼈다. 사태가 수습되지 않을 정도로 커지기도 했고, 결국은 직접 찾아가서 인사드리고 사과를 드렸고, 약속했던 내용을 늦게라도 이행했으나 결과는 참담했다. 물론, 추가적인 사은품도 준비했다. 결론적으로 해당 계약은 마이너스로 정산되었고, 그 계약으로 인해 추가적인 계약이 발생하지 못한 점은 이내 큰 아쉬움으로 남았는데, 이때 250명을 소개해 주는 고객은 없어도, 250명의 가족 세 명을 포함해 1,000명의 고객을 잃게 되는 경우는 생긴다는 것을 정말 깊게 깨달았다.

다양한 마케팅이나 영업에 관련된 책들을 보면 고객에게 자연스럽게 접근하는 대화 방법, 고객과 친근함을 만드는 법, 고객의 가족과 지인의 소개를 유도하는 질문의 내용을 많이 다루고 있다. 그런데 정말 미안하게도 필자가 웬만한 방법을 다 시도해보았지만, 그것을 공부할 시간에 한 명의 고객을 더 발굴하는 것이 훨씬, 매출에 도움이 된다고 결론지었다. 요즘 고객들은 굉장히 똑똑하며 현명하고 눈치가 빠르다.

이런 원초적인 방법 외에도 단계별로 고객과 공감대를 형성하는 화법, 자연스레 고객을 SNS로 유입시키는 방법 등등 다양한 방법이 제시되고 있는데, 필자의 생각을 극단적으로 표현하자면 이는 순전히 운에 따른다고 생각한다. 그렇다면 과연 고객을 홍보맨으로 만드는 방법은 없는 걸까? 그건 아닌 것 같다. 꽤 다양한 방법과 사례들이 있지만, 가장 인상 깊었던 2가지 사례를 알려주겠다. 편의점에서 판매하는 일회용에 가까운 비닐우산을 도매가로 구매하면 사실 1,000원 정도에 구매 가능한데 필자는 이 우산을 항상 구비해두었다.

그리고 항상 날씨를 관찰했고 비가 예정되어 있거나, 소나기가 예고되어 있으면 매장 앞에 서서 비 맞고 가는 사람을 기다렸다가, 뛰어가 우산을 건네며 혹시 또 근처 지나가실 일 있으실 때 생각나시거든 챙겨달라며 우산을 돌려줄 것을 분명하게 이야기했다. 사실 많은 사람이 돌려주지 않으리라 생각했지만, 의외로 다섯 명 중 한 명꼴로 우산을 가져다주셨고 우산을 돌려주시는 분들에게 감사하다는 인사를 전했다.

"정말 돌려주시는 분은 처음이세요. 아직 세상이 살만하다는 것을 느꼈습니다. 감사합니다."

어떤 고객이라도, 항상 그들에게 나는 '처음'이라는 단어를 강조했다. 그리고 덕분에 오늘 기분 좋은 하루가 될 것 같다며 항상 1,000원 미만의 판촉물을 증정했다.

그리고 우산을 돌려준 고객이 열 명이라면 아홉 명은 무조건 재방문을 했다. 꼭 물건을 사지 않더라도 근처의 상인이라면 먹을 것을 나눠주셨고, 본인이 구매하거나 계약하는 것이 아니라도 꼭 누군가를 소개해주었는데, 이렇게 소개받은 고객님들의 특징은 구매 결정까지의 과정이 항상 간결하고 상담이나 고민의 시간도 절반 이상 줄어든다는 것이다. 당시 필자는 1년에 4회 계절마다 상권 주변의 아파트나 주택가에 전단을 배포하곤 했는데 그 비용에 비하면 아주 적은 비용이었다.

사실 전단을 100명에게 주면 50명은 받자마자 버리고, 30명은 내용을 읽어보고 길을 꺾어 보이지 않게 버린다. 열 명은 들고 있다 휴지통에 버리고 아홉 명은 가방에 넣어 집에 가서 버린다. 그리고 한 명은 명ㅇ핫

도그 사 먹고 옷에 흘린 케첩을 닦는다. 전단 역시도 제대로 된 브랜딩을 통해서 전략적으로 배포하지 않는다면 길바닥에 돈을 버리는 것과 같다. 남들이 다하는 광고는 이제 과감히 차단해야 한다. 이미 소비자들은 그 광고를 스팸이라 여기기 때문에 의미·재미있는 이벤트를 준비하여 고객에게 접근하는 것이 효과적이다.

"사장님, 국밥이 너무 맛있었습니다. 다음에 친구들과 꼭 다시 한번 오겠습니다!"

단, 정말 맛있는 음식점을 나올 때만 말해야 한다.

"어머니가 특히 좋아하는 음식이라 포장해서 드리고 싶은데, 명함 한 장 주시겠어요?"

그리고 이내 나의 손에는 명함이 들려 있다. 한창 점심과 저녁을 식당에서 해결하던 시절, 정말 필자 동네의 모든 고깃집, 횟집, 술집, 커피숍, 수제비집, 중국집, 국숫집을 다 다니면서 거의 반자동 수준으로 내뱉었다. 그리고 절대 맛이 없거나 손님이 없는 집에서는 말하지 않았다. 그리고 명함을 건네받은 집에는 항상 2주일 내로 포장을 주문했다.

당일을 포함하여 15일 이내로 다시 그 음식점을 찾은 것이다. 너무 뻔한가? 그럼 필자가 질문을 하나 던져보겠다. "그래서, 나와 같은 방법으로 영업을 하고 있는가?" 책은 타인의 가장 힘들고 어려웠던 경험을 간접적으로 체험하고, 그들이 성공하기까지 걸린 시간을 1만 원 남짓한 금액을 주고 배우는 아주 고맙고 소중한 것이다. 때문에, 어떤 책도 틀린 말을 하지는 않겠지만, 필자는 말보다 행동이 중요하다고 생각한다. 물론 철저하게 계획된 완벽한 분위기를 연출한 상황에서! 필자의 질문에 "아니다."라는 답변이 나왔다면 당장 실천해보자.

경쟁업체의 손님을 오게 만드는 3가지 비책

"나를 그대로 드러낸다면, 그것이 바로 독창성이다."

– 마크 뉴슨(1963~호주, 디자이너)

사전적 의미로 그리스 어원의 '가면'을 의미하는 '페르소나'는 외적 인격 또는 가면을 쓴 인격을 뜻하고, '매니지먼트'란 기업의 관리·운영, 그러니까 '경영 전반의 업무가 가장 효과적으로 이루어질 수 있도록 다양한 측면과 상황들을 고려해 체계적으로 처리'하는 것을 의미한다. 두 단어에 대해 유튜브 채널 〈현대카드 DIVE〉의 'OVER THE RECORD – 1강 브랜딩이란 무엇인가?'에서 정태영 부회장은 "브랜딩은 페르소나 매니지먼트다."라고 설명했다.

영상에서는 영업(Sales), 마케팅(Marketing), 브랜딩(Branding)을 구분해서 설명했다. 간략히 짚고 넘어가자면, '영업'은 단기적이고 실천적인 성격으로 물건을 직접 판매하는 것, '마케팅'은 상품의 개발부터, 소비자에게 어필하는 과정까지 모든 것을 말하며, '브랜딩'을 의미하는 '페르소나 매니지먼트'란 기업과 상품의 외적인 부분을 가장 효과적으로 표현할 수 있는 인격, 철학, 존재 이유, 방향성 등을 고려하라는 것이다. 현재까지 필자의 마케팅, 브랜딩 공부에 있어 항상 무언가 부족했던 둘의 경계선을 확실히 정립시켜준 정말 좋은 영상이었다.

하지만 모든 것을 고려하기에는 대기업이 아닌 입장에서 불필요한 요소들도 분명히 있다. 우선 3가지 비책은 모두 앞에서 설명했다.

우리의 영업 방식을 표현하고, 마케팅을 진행하며, 브랜딩으로 완성하는 것이 경쟁업체의 손님을 오게 만드는 3가지 비책인 것이다. 각 항목을 나누어 조금 더 구체적으로 설명해보겠다.

〈Sales〉
우리 기업과 상품은 어떤 방식으로 영업을 하고 있는가?

(1) 상품/서비스의 퀄리티를 중요시하며, 고객 서비스 품질이 중요

(2) 상품/서비스의 효율성을 중요시하며, 고객과의 친근감이 중요

(3) 상품/서비스의 가격을 중요시하며, 박리다매로 고객과의 관계는 차순위

(4) 상품/서비스의 다양성을 중요시하며, 고객 서비스보다 효율성을 우선

(5) 상품/서비스의 고객층을 중요시하여 최고급 서비스를 제공하여 고수익을 우선

예시 : (1) 대형마트 (2) 편의점 (3) 도매유통 (4) 동네마트 (5) 백화점

우선 첫 번째를 고객에게 정확하게 인식시켜주기 위해서 우리 매장/상품이 추구하는 영업 방향을 분명하게 구분해야 한다. 단골을 만드는 것은 굉장히 어렵지만, 잃기는 굉장히 쉽고 간단하며 생각지 못 한 일이다. 경쟁업체와 우리 업체의 구분을 명확하게 하는 것은 경쟁업체보다 우리에게 더 잘 맞는 고객을 손쉽게 모셔올 수 있는 효과적인 방법이다.

경쟁업체의 고객일 때는 다른 업체의 서비스나 품질에 대해 알 수도 없고 관심도 없지만, 한 번 상처를 받은 고객이 새로운 매장을 찾게 되는 것은 당연하다. 그리고 그때 각자의 성향에 맞는 매장이 '여깁니다.' 하고 알려주는 것은 반드시 필요한 일이다.

〈Marketing〉

경쟁업체가 제공하지 않는 나만의 특별함은 무엇인가?

(1) 멤버십 (할인, 쿠폰, 적립)

(2) 판촉 (1+1, 판촉물, 이벤트)

(3) 사후관리 (환불, 교환, 보상)

(4) 플랫폼 – 오프라인(전단지, 신문, POP), 온라인(SNS 플랫폼, 키워드/검색/DP 광고 등)

(5) 마케팅 기획 및 광고 문구, 이미지, 영상 제작

참고 : 단계별로 기획하고 각 항목이 연결되어 어필될 수 있는 마케팅을 기획해야 한다.

〈Branding〉

나를 선택해야 하는 이유는 무엇인가? (WHY)

(1) 기업/상품의 브랜딩이 필요한 이유

(2) 1~3가지 주력 상품/서비스

(3) 기업/상품에 알맞은 고객층 (연령/성별/직업군/경제력 등)

(4) 고객의 희망에 대해 기업/상품이 충족시켜주는 요소

(5) 브랜딩을 통해서 고객이 알았으면 하는 핵심 내용

영업(Sales), 마케팅(Marketing), 브랜딩(Branding)의 단계로 설명했지만, 순서는 반대로 시작되어야 한다. 브랜딩 과정에서 제시된 목차들을 토대로 마케팅을 기획하고, 최종적으로 우리의 세일즈 카테고리는 어디에 해당하는지 파악하면 되는 것이다. 필자가 계속해서 강조하는 'WHY'의 핵심을 잘 집어내는 것만으로도 좋은 브랜딩을 완성할 수 있고, 좋은 브랜딩은 결국 멋진 마케팅을 기획하게 한다. 그리고 그것이 정해지는 순간 기업/상품이 어떤 분위기의 세일즈 전략을 가져야 하는지 알수 있게 된다.

즉, 브랜딩을 하기 위해서는 상품성과 시장성에 대한 분석을 철저하게 해야 한다. 이때 가장 많은 도움을 주는 것이 경쟁사 분석인데, 이는 꽤나 어려우면서도 의외로 간단하게 해결된다. 같은 상권의 경쟁업체를 찾아가서 상담을 받아보는 게 꽤나 눈치가 보인다. 그래서 쉽게 접근하기가 힘든데, 경력자가 있다면 그를 보내어 상담 받고 판매자의 세일즈 방식을 파악하면 좋겠지만 그렇지 않은 경우, 다른 지역 상권을 미리 알아보고 나의 매장과 최대한 비슷한 상권의 동종 업계로 상담을 받으러 가보는 것이다.

물론 지역마다 사람들의 성향이 조금씩 차이가 있으므로 약간의 오류가 발생할 수는 있지만, 나의 매장과 비교하여 다른 점을 하나라도 찾다

보면 자신에게 맞는 브랜딩이 가능해질 것이다. 높게 세워진 허들을 넘는 것만이 좋은 브랜딩을 완성하는 방법이다. 다른 지역 상권을 알아보는 방법으로 페이스북을 보면 지역별 그룹이 존재한다. 그곳에 고객들이 자주 던지는 질문을 던져보라. "○○ 동에 ○○○ 판매하는 곳 추천 좀 해주세요."라고 남기면 답글이 달릴 것이다. 우선 그중 지인으로 보이는 사람들은 제외하고, 나머지 댓글의 사람들 피드에 접속해보는 것이다.

실제 고객으로 판단되는 경우 그 사람의 답글에 대댓글로 질문을 던지거나 페이스북 메시를 이용해 질문해보자. 내가 궁금한 점들을 최대한 있는 그대로 묻는 것이다.

"서비스는 뭐 주던가요?"
"○○○ 하는 부분들은 어떻던가요?"
"특별히 그 매장을 추천하는 이유가 있으세요?"
"어떤 제품 구매하셨어요? 얼마 주고 구매하셨어요?"

그리고 연령대별 파악이 필요하다면 동네 주변의 아파트 건축 일자를 파악하면 된다. 대부분 10년 이상 오래된 아파트에는 20~40대 신혼부부와 60세 이상 노부부들이 많은 편이다. 10년 이내 신축의 경우 40~60대가 많은 편이며, 주택가나 원룸이 많은 경우에는 20대 학생 또는 20~30

대의 미혼이 많은 편이다. 이런 경우 주변에 학교가 있는지 없는지를 고려해서 판단하면 된다. 마지막으로 각 지역의 맘카페 2~3개 정도에 가입하면 해당 동네의 정보를 대부분 얻을 수 있다. 그 중, 좀 튀어 보이거나 운영진은 아니지만, 댓글이나 포스팅 활동이 많은 사람을 찾아서 댓글로 몇 마디 나눈 뒤, 쪽지를 통해서 몇 가지 질문을 해보면 동네 상권에 대해서 어떤 전문가보다 더 잘 파악하고 있을 것이다.

분명하게 대기업의 브랜딩과 소규모 업체의 브랜딩은 다른 성향을 갖고 있다. 그러나 온라인이나 책에서는 기업 브랜딩의 내용이 주를 이루고 있다. 배워두면 기업이 성장했을 때 많은 도움이 될 것이고, 성향만 다를 뿐 큰 범주를 벗어나지는 않기 때문에 알아두면 좋겠지만, 사실 현재 우리에게 급한 것은 당장의 기업 성장과 상품/서비스 판매로 인한 매출 증가 아닐까? 처음부터 너무 큰 목표를 잡으면 성장이 더디게 느껴지고 결국 지칠 뿐이다. 차근차근 나에게 맞는 단계부터 실천해나가기를 바란다.

혹시, 필자의 책이 독자분들의 사업과 상품판매에 도움이 된 것이 있다면 '배가 아카데미' 카페를 통해서 공유해주면 감사하겠다. 여러분들의 관심과 참여가 대한민국의 많은 자영업과 중소기업의 마케팅 교육 발전에 도움이 될 것이다.

매장 영업은 드라마 속의 한 장면이다

"우리가 사람을 대할 때, 논리의 동물을 대하고 있지 않다는 점을 기억할 일이다. 우리는 감정의 동물, 편견으로 마음이 분주하고 자존심과 허영에 따라 움직이는 동물과 상대하고 있는 것이다."

– 데일 카네기(1888~1955, 미국, 처세술 전문가)

'정가'라는 것에 대해서 어떻게 생각하는가? 사실 필자가 경험한 모든 회사에는 딱히 정가라는 것이 없었다. 단지 최고가와 최저가만이 존재할 뿐, 금융상품의 경우에는 정해진 금액을 고객이 정하기도 하지만 이것 역시 1~3개월분의 월 납부금을 대신 납부(이하 대납)해주는 때도 있으므로, 모든 소비자가 똑같은 금액을 지급하고 상품/서비스를 구매하지는 않는다는 것이다.

직원들의 성향에 따라서 고객별로 다른 가격을 제안하는 것이 양심에 걸려 애당초 최저가를 부르는 사람들이 꽤나 많은데, 그런 모습들을 보면 그저 아쉬울 뿐이다. 사실 이것은 양심과 전혀 상관이 없는 것이다.

기업이 정해준 표준가격에 정상적으로 판매하는 것이 원칙이지만, 대체로 형편은 어려웠지만 정이 많았던 우리나라 사람들은 영업을 학연, 지연 등으로 해왔던 터라, 항상 싸게 잘해주려는 관습이 그대로 전해져 지금은 모든 고객에게 '할인'을 제공하는 것이라 생각한다.

결론적으로 볼 때 고객과 판매자 둘을 놓고 본다면, 이 관계에서 기업과 소비자 그리고 고객 모두가 피해자가 된다. 1차 피해자는 판매자이며 2차 피해자는 회사고 기업이며 최종적인 피해자는 결국 고객이 되는데 문제는 최종적인 피해자를 넘어 부가적인 피해자도 발생한다는 것인데, 우선 1/2/3차 피해자들의 피해 사유를 나열해보겠다.

1차, 고객에게 저렴하게 판매한다는 것은 수익이 적어진다는 것이고, 결국 급여나 수당이 줄어들어 생계에 직접적인 영향을 주게 된다.

2차, 그런 현상이 지속되면 직원은 퇴사하게 되며, 고용주 관점에서 결국 직원의 신입 시절 미숙한 업무로 인하여 실적이 적거나 없는 경우가 많다. 직원이 업무에 익숙해지기 전까지는 수익대비 지출이 높다. 어지간해서 1년 이내 퇴사하는 경우 총지출의 약 30%는 고스란히 기업 이윤에 마이너스가 되는 것이다.

3차, 고객이 서비스를 받고자 매장에 방문했을 경우, 1년 이후 해당 직원이 없을 확률이 높으며, 다른 판매자가 응대하는 경우 고객의 성향을 파악하는 데 부가적인 시간이 필요하며, 여기서 가끔 고객의 기분이 상하거나, 불만족스러운 서비스를 제공받는 경우도 있다. 그 이유는 새로운 상담 직원이 해당 고객으로부터 단 1원의 이윤도 남길 수 없는 채로 서비스만 진행하는 경우 달갑지 않은 것은 당연한 일이기 때문이다.

그리고 부가적인 피해자는 1차 판매자가 사라진 고객을 응대해야 하는 누군가 다른 직원이 된다. 이 상황에서 참 다양한 모순이 일어나게 되는데, 우선 고객의 입장을 먼저 고려한다면 당연히 이미 상품/서비스를 구매하였기에 그만한 대접을 받기를 원한다. 하지만 반대의 관점에서 단 1원의 가치도 얻지 못한 고객에게 만족스러운 서비스를 제공하는 직원은 그리 많지 않다. 제공한다고 하여도 그 직원은 사실 쓸모없는 에너지를 소비하게 되는 것이다.

여기서 어느 한 사람도 덜 피해 보거나 더 피해 보지 않는다. 모두 똑같은 사람의 입장으로 생각할 때 모두가 자신의 기준에 맞는 보상을 얻지 못하는 것이다. 물론, 고객은 저렴한 가격에 구매했다는 객관적인 입장이 있으나, 사람은 주관적이다. 자신의 기준에 맞지 않으면 모두 부당한 대우라고 생각하게 된다. 따라서 이 문제는 관련된 모두가 피해자로 남는 '미스터리 사건'이 된다. 이때 자주 들을 수 있는 말은 "직원이 자주 바뀌네요." 정도가 되는데, 사실 내게 그 말을 하는 고객에게 "네, 고객님들이 매번 싸게 해달라고만 하셔서요."라고 답할 수는 없는 노릇이다.

그렇다면 이런 미스터리 사건이 발생하지 않으려면 정답은 하나다. 앞으로 소비자는 지급한 대가만큼의 보상을 원하면 되는 것이다. '아 그때 내가 저렴하게 구매해서 그 직원이 그만두었나 보다.' 하고 반성해야 하는 부분이다. 참 아이러니한 것이 대부분 가격을 '후려치는' 고객들은 자신의 업이 영업이거나, 이전에 영업을 경험했던 사람이다. 오히려 나의 소중한 직원보다 부유한 사람들이 그러하다. 그 원리를 잘 알고 있기 때문이 아닐까 예상해본다.

그러나 자신의 영업을 실속 있게 잘하는 사람들은 반대로 큰 고민이나 가격 흥정 없이 판매자와의 유익한 대화를 통해서 구매를 결정하는 것을 볼 수 있는데, 그 대표적인 예로 『사람들이 줄 서는 매장의 영업비법』의 저자 이도규가 있다.

사실 필자의 고객들은 다른 경쟁업체에 비해서 비싼 가격에 구매하는 경우가 많다. 그리고 10년 넘게 필자를 찾아주는 고객들도 많다. 근데 이 표현을 '비싸다.'라고 하는 것이 맞는 걸까? 필자의 관점에서 표현하자면 나는 다른 업체와 다르게 정상적인 판매를 한다. 정해진 가격에 판매하며, 오랜 기간 최선을 다해 고객에게 서비스를 제공하기 위해 노력한다. 예를 들면 어떤 판촉이나 이벤트를 열어야 고객이 만족할지, 어떤 서비스를 제공해야 감동을 할지, 어떻게 손님을 늘려서 기존의 고객들이 '역시 내가 매장/판매자를 잘 골랐어.'란 만족감을 줄지.

어차피 싼 것을 찾는 고객은 단골이 되기 힘들다. 좋은 서비스에 합당한 가격을 지급하고 만족감을 얻는 것이야말로 '고객 감동'의 기본이 아닐까? 내가 이런 말을 하면 꼭 오해하는 직원들이 있었다. 충분히 고객의 경제적 여건을 고려한 상황에서 말하는 것이다. 가령, 나이가 많으신 고령의 할머님, 할아버님들은 사실 구매 이후에 다시 마주하는 빈도수가 적다. 새로운 서비스나 기능이 제공된다 하여도, 업체에서 광고 문자나 카카오톡을 보내도 확인도 안 하시거나, 실제로 그 기능이나 혜택을 사용하지 않으시기 때문이다. 그리고 경제 활동이 중단된 그런 분들에게 내가 1만 원, 10만 원 더 남겨서 뭣 하겠나?

자, 그렇다면 '역시 내가 매장을 잘 골랐어.'란 만족감을 주기 위해서 우리가 갖추어야 하는 여건들은 무엇이 있을까?

첫째, 고객이 합당한 금액을 지급하는 것에 대한 합리적인 요건을 제시해야 한다.

둘째, 고객이 원하거나 찾을 때 언제든 문제점을 해결할 준비가 되어 있어야 한다.

셋째, 고객의 불만이나 불편사항이 발생하는 경우, 해결할 능력과 지식을 갖춰야 한다.

둘째와 셋째의 구분이 조금 애매한데, 두 번째는 시간이나 장소 등을 의미하며, 세 번째는 고객의 질문에 정확하고 간단명료한 답변으로 답할 수 있어야 한다는 것을 의미한다. 부연설명이 길어지거나 서비스 해결에 대한 시간이 지연되면, '정가'를 받을 자격이 없다.

첫 번째의 경우는 대부분 매장 내부의 직원들 간의 협의가 필요하다. 예를 들어서 오늘만 특가로 진행하는데, 수량이 한정되어 있다며 팀장도 아닌 직원을 불러다 이야기한다.

"○○ 팀장님~ 혹시, ○○ 제품 재고가 남았을까요? 고객님이 바로 구매하실 것 같은데요!"

같은 형식의 과장된 이야기의 연극이 필요하다. 혼자서 고객에게 "오늘 한정 특가 상품입니다. 고객님!" 해봐야, 고객은 생각에 빠질 뿐이다. "이걸 해야 하나~, 말아야 하나?~"

하지만 미리 연습해둔 간단하고 짧은 대사 몇 마디가 고객의 심리를 자극해, 구매 심리를 확장시킬 수 있다. 그리고 이런 연극은 고객들이 '손님은 왕이다.'라는 대접받고 싶은 심리를 보상해주며, '비싸게 구매하지는 않았을까?' 하는 불안한 심리를 제거하는 데도 도움이 된다.

또한, 판매가보다 높게 책정된 가격표나, 카탈로그 등도 상담 시에 꽤 큰 역할을 한다. 직접 눈으로 숫자를 보며 말하는 것은 고객에게 신뢰감을 제공하며, 그 차이에 대한 부분을 쉽게 수긍할 수 있게 되는 것이다. 일련의 연극을 통해서 소비자의 심리에 감동과 만족을 동시에 제공하는 것이다. 이는 매장에 나의 연극을 도와줄 사람이 없을 때 필자가 자주 사용하는 방법이다. 정해진 금액을 눈앞에 보여주며, 시세보다는 높지만, 그렇다고 저렴하지는 않은, 기업의 이익에 피해가 가지 않되, 고객에게 너무 부담되지 않는 가격….

자 여기까지, 영업이 왜 드라마 속의 한 장면인지 설명했다. 하지만 분명하게 말해두고 싶은 것은, 이 연극이 '사기극'이 되어서는 안 된다는 것이다. 필자가 말하는 사기극이란, 보편적으로 형성된 업계의 시세라는 것이 분명히 존재한다. 하지만 그 시세 이상을 받으며 판매하고서, 그들보다 못한 서비스를 제공하는 것은 사기에 불과하다. 물론 정가에 판매한 것이 맞지만 그것은 영업을 잘하고 못하고를 떠나서 고객을 기만하고 우롱하는 것임을 명심해야 한다. 부디, 열심히 개발하고 부단히 노력하여 고객이 만족할 수 있는 서비스를 제공하고, '고객 감동'이 제공되는 연극을 펼쳐서, 합당하게 매출을 올리기 바란다.

06

우리 동네 플레이스로 만드는 법

陟高望遠(척고망원)

- 높은 곳에 올라 멀리 바라봄

지금껏 필자가 책으로 알려준 정보들은 대부분 개념의 이해를 돕기 위해서 예시를 들어주는 방향으로 설명했다. 이번 목차는 각 상황에 대한 예시를 드는 것이 오히려 독자들의 이해도를 낮추고, 응용하는 것에 문제가 있을 것 같아서 모든 업종에서 적용할 수 있도록 최대한 핵심만을 추려 설명했다. 본론으로 들어가기 전에 당부하고 싶은 것은 결국, 매장 영업과 기업의 마케팅 핵심은 소비자의 WHY, 희망에 대해서 우리가 판매하는 상품/서비스가 어떤 것을 제공할 수 있는지를 먼저 파악하지 않고서는 어떤 영업, 광고, 마케팅을 진행해도 실패할 확률이 높다는 것을 명심하자.

– 고객과 첫 만남부터 단골까지 네 번의 긍정으로 응대하라.

매장에 방문한 고객의 패턴을 분석하자면 입장, 질의응답과 결정, 소개, 단골등록으로 나눌 수 있다. 입장은 말 그대로 고객이 매장에 들어오는 순간을 의미하는데, 그저 단순한 방문이 아니라, 주차장에 주차하고 우리 매장에 입장하기까지 고객의 기대감을 높여주는 것이다. 특정한 손님이 정해진 때에 방문하는 것을 의미하는 것이 아니라, 우리 매장을 지나가는 모든 사람에게 기대감을 심어주는 것을 의미한다.

예를 들어 "거기 매장은 ○○○를 준다던데?", "여기 매장은 ○○○원 한다던데?" 이같이 단순한 것을 POP로 내세울 수도 있지만, 다른 고객들과의 추억을 기록하여 보여주는 포토존에서는 타인의 행복한 추억이 신규 고객에게 '나에게도 저런 추억이 남았으면' 하는 기대 심리를 주는 것이다. 또는 "신규 고객님! 첫 방문 SNS로 인증해주시면 VIP 서비스 무료 제공" 이와 같은 경우, VIP라는 단어는 세계 모든 기업이 사용하는 고객의 최고등급을 의미한다. 물론 요즘은 VVIP, 또는 VIP+와 같은 상위 등급을 만들어내기도 했다.

그리고 질의응답의 경우는 매장에서 일어나는 모든 문의/구매 활동을 의미한다. 만약 위 VIP 서비스로 신규 고객의 내방을 늘렸다면, 다음 단계 질의응답에서 긍정적인 응대를 유도한다. 이때 상위 등급인 VIP+와 VVIP 등급을 내세워 우선 VIP로 입장한 고객에게, 만족스러운 서비스를 제공하며, VIP+와 VVIP의 추가적인 혜택을 안내하는 것이다.

만약 헤어 샵의 경우라면 커트 고객에게 무료로 탈모 케어를 제공하는 VIP 혜택을 제공하고, 이내 고객의 만족을 끌어낸 후, 다음번 방문하실 때 펌이나 염색을 함께 하시게 되면 탈모 케어와 함께 손상 케어도 추가로 제공된다는 사실을 알리는 것이다. 이미 만족감을 느낀 고객에게 재방문을 유도하며 자연스레 고객 만족과 매출 증가에 도움을 줄 수 있는 시스템을 구축하는 것을 고민해야 한다.

"고객님, 다음번에 오실 때는 펌이나, 염색 한번 해보셔요. 저의 경우, 잦은 염색으로 모발 손상이 심했는데, 직원 간에 서로 해주면서 관리하다 보니 모발이 엄청 건강해지더라고요. 어차피 펌이나 염색 주기적으로 하시는 것 같은데, 5회 정액권으로 VIP+ 가입하시면 20% 할인 가격에 총 3회 손상 케어는 서비스로 제공되는데 다른 VIP 고객님들 후기가 굉장히 좋아요."

정액권은 헤어 샵의 가장 큰 매출 중 하나이다. 이런 고액의 계약으로 매출이 상승하면 자연스레 서비스 품질이 향상될 수 있는 여유 자금이 마련된다. 이내 재방문한 고객에게 지인 소개를 유도하는 것이 세 번째 고객을 자연스레 소개받는 방법이다.

"고객님, VIP+ 서비스는 어떠셨어요? 만족하셨다면 주변에 지인 3분만 추천해주시겠어요? 매니저 권한으로 VVIP로 추가 비용 없이 업그레이드해드릴게요!"

단, 이때 고객의 반응을 살펴보는 것도 중요한데 고객 심리와 화법 공부를 했다면 고객의 심리를 파악하는 데 도움이 될 것이다. 만약 공부한 적 없어도 관련 서적 2~3권이면 충분하다.

"고객님, 혹시 자주 가는 커피숍 있으세요? 자주 가던 집이 문을 닫았더라고요…."

이때, '고객이 추천하는가?', '부연설명이 있는가?'를 파악해야 한다. 만약 단답형이 나오거나 크게 소통할 생각이 없어 보인다면, 접근하지 말고 고객과의 거리를 현재 상태로 유지하며 조금씩 친해지기 바란다.

마지막 네 번째, 고객에게 '특별함'을 선물하라. 선물이라 하여 무조건 돈이 드는 것이 아니다.

물론, 가벼운 기프티콘 등을 보냄으로, 재방문/재구매를 유도하는 것도 좋지만, 무작정 돈을 쓰기보다는 고객과 가벼운 연락을 주고받는 것이 좋다.

"○○ 고객님, 제품을 ○○○ 해서 사용하면 ○○○ 하는 결과를 얻을 수 있다네요. 인터넷 검색하다가 고객님 생각에, 사용에 참고하시면 좋을 것 같아 자료 보내드립니다. 즐거운 하루 보내세요!"

"○○ 고객님, 샵에서 감사한 고객님 두 명씩 선정했습니다. 당시에 VIP+ 회원 모집이 잘되지 않아 초조했는데 고객님 덕에 술술 풀렸습니다^^! 다음번에 오셔서 샴푸할 때 헤어 마사지 서비스해드릴게요^^!"

2가지 이벤트는 모두 비용이 들지 않는다. 단순히 가벼운 행동만으로 가능한 서비스들이다. 하지만 메시지를 통해서 내가 고객을 위하고 있으며, 생각하고 있다는 긍정을 심어주며 고객은 또 한 번 감동과 만족을 느끼게 될 것이다. 단, 선정 인원을 절대 한 명으로 제한해서는 안 된다. 필자의 경험상 문자를 받은 고객이 동 시간대에 방문한 경우, 내가 기획했던 깜짝 이벤트가 너도나도 받는 기본 서비스가 되어버릴 수 있기 때문이다.

2. 매장/상품/서비스에 고객이 접근하기 전까지 희망을 제공하자.

우선 고객이 유입될 수 있는 모든 루트를 파악해야 한다. 가령 나이부터 성별과 직업군, 구매 고객들의 특성을 파악하면 좋다. 온라인 광고에 사용되는 단어, 이미지, 콘셉트 등도 세분화해서 작업해야 한다. 이는 브랜딩을 위한 마케팅이 아니라, 유형별 고객의 욕구에 대한 기대 심리를 제공함으로써 앞서 이야기한 매장 입장 전까지의 고객의 기대감을 높여주는 방법을 좀 더 구체적으로 하는 것이다.

이는 단순하게 회원권이나 할인 등으로 접근해서는 성공하기 어렵다. 각 고객층이 선호하는 드라마나 영화 등의 문구를 응용하는 방법 등이 꽤 유행처럼 번졌지만, 이내 식상하다는 반응이 주를 이루고 있다. 그렇다면 좁혀진 유형별 타깃의 욕구를 충족시켜줄 희망을 담은 메시지는 어떤 것들이 있을까?

"엄마, 친구들이 아ㅇ폰 아니라고 안 놀아준대."

위 문구는 어린아이의 부모님을 타깃한 것 같지만, 실제로는 부모가 아니라 어린아이를 타깃한 것이다. 엄마를 설득하기 위한 기발한 아이디어를 대신해서 제공한 것인데 사실 이런 문구들이 부모님에게 비추어지면, 좋지 않은 인식을 주게 된다. 따라서 광고 타깃의 연령 설정이 필수적이다.

"춥다고 껴입었더니, 겨드랑털이 꼬이네."

남성을 타깃한 광고이다. 우리 제품을 구매한다면 적어도 여러 개의 옷을 껴입을 일은 없다는 보온성과 실용성을 긍정적으로 어필하기 위해 재미난 메시지로 전달하는 것이다.

"여보, 아버님 댁에 보일러 놔드려야겠어요."

누구나 흔히 알고 있는 보일러 광고도 비슷한 경우이다. 따로 사는 자녀들이 추운 겨울 부모님을 걱정하는 마음을 표현해서 효심을 보이도록 했고, 그와 동시에 부모님들에 대한 효심을 보일러로 표현하는 것이 유행인 듯한 이미지를 심어주어, 부모가 먼저 자식에게 "옆집에 ○○○네는 보일러 바꿨다더라~" 하며, 이야기를 꺼낼 수 있도록 발판을 마련했고, 자식과 부모 두 고객층을 타깃한 것이다.

07

고객이 몰리게 하는 인테리어 구조

"작은 계획을 세우지 말라. 작은 계획에는 사람의 피를 끓게 할 마법의
힘이 없다. 큰 계획을 세우고, 소망을 원대히 하여 일하라."
– 다니엘 번햄(1846~1912, 미국, 건축가)

길거리를 돌아보면, 어떤 매장은 항상 손님이 있고 어떤 매장은 휑하니
비어 있는 느낌이다. 그리고 이내 매장을 선택하게 되면 사실 비어 있는
곳보다는, 손님이 있는 쪽으로 들어가곤 한다. 고객이 있다는 것은 그만
큼 서비스나 상품의 품질이 좋다는 것이고, 비어 있다는 것은 무언가 문
제가 있다고 느껴지기 때문인데, 이처럼 고객은 아주 단순하게 판단한다.

업종에 따라 고객 방문이 끊어지지 않는 곳도 있고, 특정한 시간대에 고객이 몰리는 매장도 있다. 그렇기에 매장 인테리어를 진행하기 전에 분명하게 자신의 업종이 어떤 유형에 속하는지를 분석하는 것이 좋다. 인테리어업체는 단지 디자인과 구조적인 부분만을 고려할 뿐이지, 업체의 특성이나 업종의 특징을 파악해서 고객의 유입 가능성까지 고려하지는 않는다.

크게 대부분의 영업시간 동안, 방문이 끊어지지 않는 업종의 경우와 그렇지 않은 경우로 나눈다면 고객이 꾸준하게 영입되어 고객들이 때때로 웨이팅을 해야 할 때는 출입구를 제외한 나머지 공간을 외부에서 보이지 않도록 하는 것이 좋다. 대체로 사람이 줄을 서 있다는 것은 긍정적인 효과로 보이지만, 매장 내부에서 상담을 받고 있거나, 소비하고 있는 고객과 반대로 그저 순번을 기다리며 줄을 서 있는 고객을 동시에 보자면, 초라한 자신의 모습이 부끄러워지게 마련이다. 또한, 군대나 학교가 아니므로 고객들의 줄이 그렇게 바르지 못하다. 길게 늘어진 고객들의 자세 또한 늘어져 보이기 때문에, 매장이 대체로 조잡해 보이거나 복잡해 보여서 첫인상이 좋지 않을 수가 있는데, 필자가 그런 부분에 예민한 소비자다. "아, 뭣이 이래 복잡노?"

그렇다면 반대로 고객이 항상 몰려 있지 않은 매장의 경우에는 어떻게 해야 할까? 이는 상주하는 직원의 수에 따라 조율하면 좋다. 만약 3인 이상의 상시 근무자가 있다면, 외부에서 매장 내부가 잘 보이게끔 하되, 직원들이 되도록 데스크나 사무실에 있지 않고 매장 중심 또는 창가, 혹은 홀에 앉아 있거나, 항상 움직여 외부에서 볼 때 항상 사람이 있는 듯한 느낌을 주는 것이 좋다. 하지만 직원이 없거나 2인 이하의 근무자가 있다면 그 평수에 따라서 조율하면 되는데, 빈 곳이 많다면 되도록 내부가 보이는 면을 최소화하고, 적당한 노출을 통해서 위에 설명한 것처럼 최대한 활동적으로 보이게 해야 한다.

매장의 내부는 어떤 업종이건, 사장의 눈에 모든 직원과 고객이 보이게끔 하는 것이 좋다. 이는 관리 감독을 위한 여건이 아니다. 바쁜 타임에는 일에 집중할 경우 본인의 시야를 벗어나지 못한다. 즉, 비효율적인 업무 동선이 그려질 수 있다. 이때를 고려하여 사장이 각 직원을 적재적소에 배치하는 것으로, 직원 서로 간의 스트레스를 덜어줄 수 있는데 이는 굉장히 중요한 요소이다. 스트레스가 줄어든다는 것은 긍정적인 요소가 커질 수 있다는 것이고, 그에 따른 직원의 업무 효율 향상은 곧 매출의 증가로 이어진다고 앞서 설명했다.

다양한 업종에 따라서 주방을 가리거나, 카운터를 입구에 둔다거나, 창고를 활용해 사무실을 둔다거나 등등 건물의 구조와 상황에 따라 변수가 존재하지만, 아래 필자가 알려준 내용을 토대로 세세한 부분을 구상해간다면 좋은 결과를 얻을 수 있을 것이다.

1. 외부에서 보이는 매장 내부가 특정한 패턴 없이 복잡하게 나열된 느낌을 제공하는 요소가 최대한 적도록 하고 되도록 수평 수직 또는 곡선을 응용해서 외부 고객의 시선이 내부로 향할 때 막히는 곳이 적도록 하자. (손님의 웨이팅 줄, 테이블 배치, 가구 배치 등)

2. 직원 수를 고려해, 매장 내부에 항상 고객이 있는 듯한 느낌을 주도록 하자.

3. 바쁜 시간 또는 매장의 각종 문제시에 추가 인력 또는 관리자의 역할이 필요할 때 언제든 업무를 지원할 수 있는 센터를 먼저 정하고 나머지를 구상하는 것이 좋다.

4. 고객이 머무는 장소에서 되도록 화장실과 같이 고객이 이용하는 시설들이 바로 파악 가능한 구조이면 좋다. 고객들의 화장실 안내와 응대에서 의외로 많은 시간이 낭비된다.

5. 고객이 직원을 바라보는 방향에서 고객을 향하거나, 고객의 머리 바로 위에 조명이 있으면 좋지 않다. 고객과 직원 양쪽의 안구 건강을 고려

하자. 초점이 흐려지거나, 잠시 눈이 피로해지면 그에 따른 부정적 요소가 많아진다.

6. 책상과 테이블은 되도록 외부를 정면으로 바라보지 않으며 ㄱ자나 ㄴ자 형태를 피하되, 외부에서 컴퓨터 화면 등의 상황을 확인하기 어려운 각도로 배치하는 것이 좋다.

7. 고객의 동선보다 직원의 동선을 더 우선해서 고려하자.

매장의 기본적인 인테리어도 중요하지만, POP나 이벤트 등을 알리는 배너 등의 위치 선정도 중요하다. 대부분 매장 입구에 정면을 바라보게끔 비치하곤 하는데, 정면을 본다는 것은 우리 매장에 들어오는 사람이 아니라면 해당 문구를 굳이 읽겠다는 의지가 없는 고객들에게는 그저 장애물에 불과하다. 대로변 자동차의 운전자가 볼 수 있는 방향과 각도 또는 지나가는 사람들의 시선에 맞추어 정면이 아닌 수직으로 놓는 것이 좋다. 이때 배너를 단면으로 사용한다면, 옆모습이 보이기 때문에 지저분하게 느껴질 수 있어, 양면형 배너를 사용하거나, 양면형 블랙 보드 또는 철제 배너를 사용할 것을 추천한다.

매장 외부의 배너는 10미터 당 1개가 적당하다. 너무 많은 배너는 오히려 매장을 가리게 되고, 지나가는 사람들로 하여, 짜증스러운 장애물로 느껴진다. 무엇이든 과하면 좋지 않다. 또한 인도나 사람이 지나가는 길의 폭이 성인과 아동이 손을 잡고 함께 지나갈 수 있는 여유가 없는 경우, 차라리 배너를 두지 않는 것이 좋다. 굳이 배너를 둔다면 깃발형 또는 상단에서 내려오는 형태 등의 다른 방법을 찾아내어 지나가는 사람의 통행을 방해하지 않도록 하자.

세부적인 인테리어는 현장을 보지 않고서 추천하기에 변수가 많아 생략하도록 하고, 필자가 초반에 이야기했던 고객과의 아이컨택이 중요하다. 결국, 외부에 있는 고객이 매장으로 들어오게 하기 위해서는 모든 직원의 시선이 외부를 향해 있는 것이 좋다. 물론 모든 사람이 나란히 서거나 앉아서 같은 방향을 쳐다보고 있으면 '코미디 쇼'를 보는 것 같은 느낌을 줄 수 있으니 조심하도록 하고, 각 포지션에 맞는 방향을 미리 선정하고 직원과 소통해야 한다.

인테리어 구조를 설계하는 데 가장 중요한 것은 결국 업무의 효율성이다. 손님이 없는 시간에 직원의 '어슬렁어슬렁'할 수 있는 동선을 만들어 두고, 일하는 사람이 아니라 매장을 둘러보는 것 같은 느낌을 주어야 한다. 만약 음식점이라면 먹지 않는 빈 그릇이라도 세팅해서 마치 손님이 식사하고 있는 듯한 느낌을 주는 것이다. 만약 미용실이나 전문 업종이라면, 그저 앉아서 스마트폰을 만지거나 하지 않도록 하고, 연습하는 모습이나 뭔가에 집중해서 일을 하는 모습을 보여주어야 전문 서비스를 이용하는 고객에게 신뢰감을 제공한다.

결국, 매장의 인테리어는 드라마 세트장과 같다. 고객에게 "우리 매장 장사 잘되는 매장입니다."라는 연극을 보여주어야 한다는 생각으로 구조와 배치 그리고 직원의 동선을 설계하도록 하자. 고객이 다니는 길이 불편하지 않다면 반드시 그게 일직선일 필요는 없다.

고객 스스로가 필요로 하는 목적지에 도달하는 것은 조금 돌아가도 좋지만, 불편함을 겪거나 어떤 서비스를 기다리는 고객은 1초라도 빠르게 고객의 문제를 해결해주는 것, 그 역시도 고객 감동의 한 부분으로 작용될 것이다.

매장의 입구에 카운터를 두면 좋지 않다. 물론 일명 '먹튀' 고객을 고려해야겠지만, 매장의 출입구에서 계산하기 위해 기다리는 고객은, 1초가 10초와 같이 느껴질 수 있다. 바로 옆이 문이라면, 이미 나가겠다는 의사를 결정한 고객이 계산하기 위해 기다리는 시간은 굉장히 지루한 시간이 된다. 그리고 사실, 카운터에 앉아서 매장을 바라보는 사장은 거만하게 느껴진다. 카운터에 앉아 출입문을 지키는 문지기와 같은 연출을 하지 않기 바란다.

"계산대가 헌병 초소가 되는 불상사는 없도록 하자!"

온·오프라인 사업의 근간은 마케팅에 있었다

요즘 '1인 창업/기업', '디지털 노마드' 등의 새로운 사업이 온라인을 통해서 만들어지고 있다. 부업으로 시작해 본업으로 확장하는 예도 있는가 하면, 학생의 신분으로 용돈을 벌고자 시작했던 것이 월 천만 원 이상의 고수익을 가져오며 흔히 말하는 '인플루언서'의 반열에 오르는 사람도 많다. 아마 여러분의 주변에, 지인들에게 알려지지 않은 유명한 사람들이 한 명쯤은 있을 만큼 많은 사람이 온라인을 통해서 수익을 창출하고 있다.

본문에서 다루지는 않았지만, 나는 2016년부터 언택트 시대를 준비하기 위해 참 다양한 시도를 했다. 하지만 핀트를 잘 못 맞춰 엄청난 시간과 비용을 헛되게 날려버렸다. 특별히 외모가 뛰어나거나, 재미있거나,

전문 지식이 있는 사람이 아니었기에 자신을 마케팅하는 '인플루언서'와는 거리가 멀다고 생각했고 내가 잘하는 판매 수익을 만들기 위해서 '스마트 스토어', '쿠팡 파트너스', '블로그 마케팅', '유튜브 마케팅'에 대한 강의나 교육에 1년 넘는 시간과 수백만 원의 강의료를 투자했다.

"월 천만 원 벌 수 있다." 등과 같은 광고 문구를 각종 온라인 채널에서 쉽게 접할 수 있는데, 대부분 앞서 언급한 온라인 수익 채널에 대한 강의, 교육 등으로 연결된다. 그리고 배운 대로 한다면 정말 누구나 돈을 벌 수 있었다. 실제 필자 역시 큰돈은 아니었지만 웬만한 직장인들의 급여만큼은 수익을 만들어보았다. 그러나 그것들은 온라인 사업이 아닌 '디지털 노가다'였음을 깨달았고, 중단했다. 결국, 해당 플랫폼의 운영 기준이나 요건 등이 변화되면 언제 중단될지 모르고, 수익이 줄어들 수도 있다는 위험을 항상 감수해야 한다고 판단했기 때문이다.

온라인에서 진행하는 사업을 단지 물건을 팔아 수익을 창출하는 '도소매'의 관점으로 생각해선 안 된다. 당시 내가 그러한 오류를 범한 이유는 가장 중요한 온라인 마케팅에 대한 이해도가 낮았기 때문이다. 단지 '디지털 노가다'라는 판단만으로 중단한 것은 아니었다. 제대로 된 온라인 창업을 하기 위해서는 결국, 기반이 되어줄 '하나의 채널'이 필요하다는 것을 알게 되었고, 이미 존재하는 것들의 힘만을 빌려 수익을 만든다는 것은 정년이 보장되지 않은 계약직과 같다는 것을 느꼈기 때문이다.

그리고 내가 말하는 '하나의 채널'이란 결국, 나 자신을 '브랜딩'하는 것이다. 쉽게 생각하자면 '인플루언서'가 되어야 한다는 것이다. 나를 통해 다양한 채널로 소비자들이 유입될 수 있도록 하는 것이다. 그리고 나를 브랜딩하는 것은 온·오프라인 모든 분야에 적용 가능한 최고의 마케팅이다. 본문에서 다루었던 기업의 브랜드에 의존하는 것이 아니라, 나의 매장을 브랜딩한 것이 그 개념과 맥을 함께한다고 생각하면 이해가 쉬울 것이다.

온·오프라인 사업 중 어떤 것이라도 목적하는 바를 이루기 위해서는 마케팅을 공부하고, 기획하는 것이 가장 우선임을 깨닫기를 바란다. 온라인 하나만으로 성공할 수는 있을지 모르겠지만, 이제 오프라인만으로 살아남기는 분명 힘든 시대이다. 동네 편의점을 운영하더라도 온라인을 통해서 사업을 알리고 확장해야 한다.

이 책은 지금 하려는 것이 오프라인 사업을 마케팅하기 위한 것이든, 온라인 창업/사업을 위한 것이든 상관없이 결국, 마케팅의 이해와 본질을 깨닫는 것이 최우선이라는 것을 이야기한 것이다. '어떤 채널에 어떤 콘텐츠를 만들 것인가?', '어떤 플랫폼을 통해 광고할 것인가?', '어떤 문구, 이미지/영상으로 소비자와 만날 것인가?' 그것은 두 번째 문제이다.

책을 마치며, 여태껏 우리가 단순하게 타인의 노동력을 구매하고, 나의 노동을 대가로 돈을 벌었던 시대는 지났음을 말해주고 싶다. 프롤로그에서 언급했던 "CEO가 사라진다."라는 맥킨지의 자료는 단 1%도 빗나가지 않으리라 생각하며 존재하는 직업 대부분과 직장이 사라지는 것 역시 마찬가지다. 이제 우리는 타인의 배움과 경험 또는 깨달음에 투자된 시간을 구매해야 한다. 그리고 그것을 누구보다 빠르게 나의 것으로 만들어 그것을 통해서 돈을 벌어야 할 것이다.

사람들이 줄 서는 매장은 앞으로 존재하지 않을 것이다. 사람들이 몰려드는 마케팅을 통해서, 내 사업의 방향과 위치를 바꾸어야 "점점 더, 앞으로, 시간이 갈수록, 더욱 빠르게!!" 변화하고 발전하는 시대에서 살아남을 수 있을 것이고, 그 중심에 분명하게 '온라인 마케팅'이 있음을 꼭 명심하기를 바란다.